Das Buch zur Fernsehserie

Rhein festlich

Rhein festlich

Eine Verführung in 13 Etappen

bearbeitet von
Wolf-Günther Gerlach

Herausgeber
SWR

TRV

Die Deutsche Bibliothek – CIP-Einheitsaufnahme
Ein Titeldatensatz für diese Publikation ist bei Der Deutschen Bibliothek erhältlich.

Umschlaggestaltung: SWR Design und Grafik Baden-Baden / Lutz Hartmann
Gesamtherstellung: Ludwig Auer GmbH, Donauwörth
ISBN 3-8058-3627-9

Inhalt

Der Dichter René Schickele verglich einmal die beiden Rheinufer mit zwei Seiten eines aufgeschlagenen Buches, die der Fluss als fester Falz verbindet. Die Reihe „Rhein festlich“ erzählt das Leben dieser beiden Seiten, ein vielschichtiger Blick in ein offenes Buch mit seinen kleinen und großen Freuden.

Festliche Freuden, gastronomische Freuden, geteilte Freuden am linken und rechten Rheinufer. „Rhein festlich“ ist eine Art Kreuzfahrt, legt hier und da an, entdeckt Neues und Vergessenes, begegnet erstaunlichen Menschen. Der Rhein, tausendmal erzählt, tausendmal besungen, ob auf Deutsch, Französisch oder Elsässisch, wird in dieser Reihe wieder zu diesem Falz, von dem René Schickele sprach, zu dieser Verbindung, die uns neue Ufer entdecken lässt, neue Horizonte öffnet.

„Rhein festlich“ löst die Reihe „Rhein kulinarisch“ ab. Eine neue und wichtige Etappe in der Zusammenarbeit von fünf deutschen, österreichischen und französischen Sendern, ein Ausdruck ihres Willens, Erfahrungen und Energie zu teilen. Wie der Rhein, der von seiner Quelle bis zur Mündung in die Nordsee sein Wasser, seine Geschichten und seine Feste teilt.

L'écrivain René Schickele comparait les terres de part et d'autre du Rhin aux deux pages d'un livre ouvert dont le fleuve serait la reliure. Cette série „Le Rhin Festif“ voudrait raconter les mots et les couleurs, les petits bonheurs et les histoires simples de ce livre ouvert.

Petits bonheurs festifs ou gastronomiques mêlés de part et d'autre des rives, petits plaisirs entrecroisés et partagés: „Le Rhin Festif“ est une balade au fil de l'eau rythmée de découvertes inattendues et de rencontres avec des hommes étonnants. Le Rhin, mille fois écrit ou chanté, en français en allemand ou en alsacien, est dans cette série festive et souriante, une nouvelle fois cette reliure dont parle le poète, ce maillage qui permet la rencontre, ce lien qui ouvre la découverte.

Lentement, paisiblement, après „Le Rhin Gourmand“, cette nouvelle série „Le Rhin Festif“ relayée par ce livre, marque une nouvelle étape importante du travail en commun de cinq télévisions allemandes, autrichienne et française pour réaffirmer leur volonté de travailler ensemble pour drainer leurs énergies. Comme le Rhin, de la source à la mer, charrie ses eaux, ses histoires et ses fêtes, encore plus belles lorsqu'elles sont partagées.

Jean-Marie Boehm
(Sender- und Programmleiter France 3 Alsace)

Das Graubündner Quellgebiet

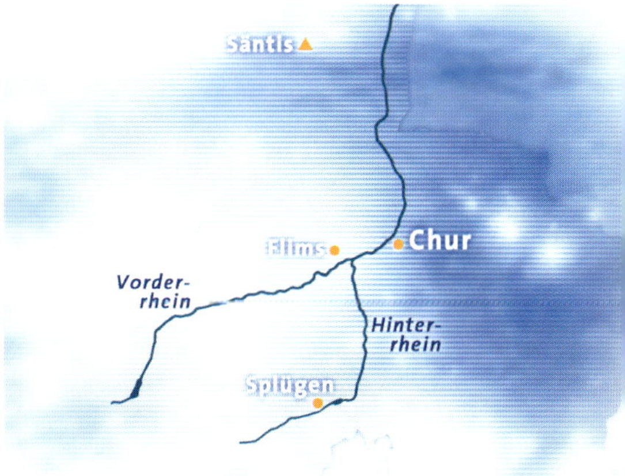

Vor zwei Jahren starteten Rundfunkanstalten aus drei Rheinanliegerstaaten ein gemeinsames europäisches Filmprojekt. Etappenweise erkundeten Filmautoren den Rhein und stellten die kulinarischen Traditionen am Strom vor. Die Reihe „Rhein kulinarisch“ war cin Erfolg, nicht zuletzt, weil man aus einem riesigen „Fundus“ schöpfen konnte.

Angesichts dieser Fülle an Geschichten standen wir vor der Frage, ob sich nicht eine weitere Reise lohnen würde. Die Frage ist mit der jetzt vorliegenden Reihe „Rhein festlich“ bereits beantwortet.

Der Titel besagt es schon, die Feste stehen im Mittelpunkt. Doch es sind nicht nur klassische Volksfeste, sondern auch Feste für die Sinne, die wir in Bild und Wort festgehalten haben. Allein der Anblick des Gotthardmassivs, mit dem unsere Reise startet, macht Lust auf einen Besuch dieser Bergwelt. Hier entspringt einer der beiden Quellflüsse des Rheins. Der Tomasee – oder Lai da Tuma wie er rätoromanisch heißt – gilt als Quellgewasser des Vorderrheins. Von hier bis zur Mündung sind es 1320 Kilometer. Der Vorderrhein fließt vorbei an Disentis. In Reichenau vereinigt er sich mit dem zweiten Quellfluss, dem Hinterrhein, zum Alpenrhein.

Wir folgen dem Vorderrhein, hier noch ein Gebirgsbach. Das Tavetsch, wie die Gegend um Sedrun genannt wird, ist über 1500 Meter hoch – ein ideales Ski- und Wandergebiet. Außer im Tourismus gibt es wenig Arbeit, lediglich etwas Alm- und Waldwirtschaft. Aus heimischen Hölzern sind die typischen Häuser gebaut, wie wir sie in Sedrun antreffen. Mitten im Ort liegt die Bäckerei und Konditorei Schmid. Reto Schmid ist der Juniorchef des Familienunternehmens. Wir begleiten ihn am heutigen Backtag für das Tavetscherbrot, eine verfeinerte Variante des traditionellen Früchtebrots. Es ist eine Hausspezialität – ebenso wie die „Lumpazzi", ein Schokoladenkuchen, den der Chef selbst herstellt. Mit solchen Hauskreationen in bester Graubündner Zuckerbäckertradition versucht Reto Schmid, konkurrenzfähig zu bleiben.

Arme-Leute-Essen und Goldrausch

Der Ort Disentis wird vom imposanten spätbarocken Benediktinerkloster überragt. Seine Gründung geht auf Anfang des 8. Jahrhunderts zurück. Es wurde im Laufe der Jahrhunderte aber mehrmals zerstört und wieder aufgebaut. 1881 entstand der heute wichtigste Betriebszweig: das Gymnasium, das heute von rund 200 Schülerinnen und Schülern besucht wird.

Urlauberfamilie im Goldrausch

Im Schatten des Klosters bereitet Martin Sialm im „Alpsu" eine traditionelle Speise der Region: „Peche Magers". Das bedeute zwar „magere Fische", erklärt uns der Koch, aber habe nichts mit Fischen zu tun. Im Gegenteil: Das Crèpe-Gericht war für arme Leute ein Ersatz für den traditionellen Fisch am Karfreitag. Martin Sialm zeigt uns, wie das Arme-Leute-Essen zu einem süßen Hauptgericht wird. Oder wie wäre es als Dessert mit einer Eiskugel?

Der Traum vom Reichtum ist nicht weit. Im Vorderrhein bei Disentis entdecken wir tatsächlich Goldsucher. Ausgerüstet mit Pfanne, Eimer und Waschrinne lassen sich dort Alt und Jung gerne vom Goldrausch anstecken. Und man kann fündig werden. Vor unseren Augen hält eine Urlauberfamilie ein Stückchen Flittergold in Händen – zumindest ein kleines Souvenir.

Die Schwinger von Flims

Flussabwärts geht es durch Wiesen und Wälder bis zum „Flimser Bergsturz". Vor Jahrtausenden brachen Gesteinsmassen ab, versperrten dem Vorderrhein seinen Weg. Unermüdlich grub er sich eine gewaltige Schlucht. Für Wanderer und Wildwassersportler ist dieser canyonartige Flussabschnitt „Abenteuer pur“. Flims selbst ist Kurort und Ausgangspunkt für Ausflüge in die schöne Umgebung, so beispielsweise zum Caumasee oder dem „Martinsloch“, einem 19 Meter hohen Felsenfenster in den Tschingelhörnern.

Hanspeter Buchli

Wir steigen gegenüber dieser zackigen Bergformation hinauf zur Wiese der Buchlis. Im Hochsommer wird die letzte Mahd für das Winterheu eingebracht. Hanspeter Buchli und sein Vater sind Bauern, einige der letzten, die es in Flims noch gibt. Die Arbeit ist mühsam und schlecht bezahlt. Im Sommer ist die Familie wochenlang auf ihrem Maiensäss, wie die Hütten unterhalb der Almen heißen. Hier müssen sie ohne Strom und fließend Wasser auskommen. Wir lassen uns durch die Hütte führen und genießen die herrlichen Ausblicke auf die umliegenden Berge – die Schweiz wie im Bilderbuch!

Doch wir haben Hanspeter Buchli noch aus einem anderen Grund besucht. Das Hobby des 21-Jährigen ist das „Schwingen“, ein Ringkampf unter freiem Himmel, der uns in seiner Form an Sumo-Ringen erinnert. Dabei stehen sich jeweils zwei Kontrahenten gegenüber, jeder mit einer Art Überhose bekleidet. Das Los entscheidet über den Gegner. Dick gegen Dünn, Groß gegen Klein – alles ist möglich. Es gilt, den Kontrahenten innerhalb von sechs Minuten zu Boden zu reißen. Wer mit dem Rücken auf der Erde liegt, hat verloren. Man führt diesen Sport auf uralte Hirtenspiele zurück. In der Kathedrale von Lausanne ist eine erste Darstellung aus dem 13. Jahrhundert zu bewundern, die schon die typische Art zeigt, wie man den Griff fasst.

Mittlerweile hat sich das Schwingen in der Schweiz zum Spitzensport entwickelt. Verbände überwachen die Regeln, organisieren Wettkämpfe. So sind 140 der besten Schwinger der Schweiz beim Bündner-Glarner-Schwingertag versammelt, als wir Hanspeter Buchli zum „Heimspiel“ in sein Heimatdorf Flims begleiten. Vier- bis fünfmal trainiert er in der Woche. Vor eigenem Publikum macht sich bei ihm aber doch ein wenig Nervosität breit. Und dann erwischt er in der ersten Runde auch noch ein schweres Los. Hanspeter Buchli, selbst nicht gerade von zierlicher Natur, kämpft gegen einen wahren „Bären". Da ist Taktik gefragt, wird auf Zeit gespielt. Am Schluss teilt man sich die Punkte. Ein paar enttäuschte Fans sind zu sehen, kritische Worte vom Trainer gibt's dazu: „Den hättest du mehr seitlich nehmen müssen!"

Auf dem Nachbarfeld gelingt Reto Attenhofer, einem Flimser Mitkonkurrenten, der entscheidende Wurf. „Unseren" Mann scheint dies zu motivieren. Im nächsten Kampf besiegt er seinen Gegner bereits nach drei Minuten. Am Schluss reicht es für einen beachtlichen 4. Platz und so darf sich Hanspeter Buchli wie bei einem Volksfest einen Preis aussuchen.

Blick ins Vorderrheintal bei Flims

Frischkäse zu früher Stunde

Von Flims ist es nicht weit ins Valsertal. Der Ort Vals ist ein Kleinod mit intakter Dorfarchitektur. Bruchsteinmauern und Dachschindeln sind aus dem Stein der Region gefertigt. Für seine Touristen hat sich Vals etwas Besonderes einfallen lassen. Im Dezember 1996 wurde die von Peter Zumthor gebaute „Felsen-Therme" eröffnet. Reduziert auf Stein, Licht und Wasser entspricht die eher „schlichte" Felsentherme der karg-schönen Berglandschaft. Ein Bad ist ein „Fest für die Sinne". Inzwischen steht der Bau sogar schon unter Denkmalschutz.

Am Abend führt unser Weg noch nach Andeer ins benachbarte Hinterrheintal. Nach kurzer Nachtruhe sind wir schon wieder auf den Beinen, denn in der dorfeigenen Sennerei beginnt der Tag schon morgens um 4 Uhr. Hier stellen Senn Martin Bienerth und Käserin Maria Meyer aus der heimischen Milch allerlei Köstlichkeiten her. Eine Spezialität ist Ziger, ein Frischkäse aus Kuhmilch. „Wenn man Ziger aus der Vollmilch

In der Felsen-Therme in Vals

macht, hat er noch einen sehr starken Geschmack, ist sehr aromatisch", verrät uns Martin Bienerth. Man muss diesen aber täglich frisch zubereiten, weshalb er sich für eine industrielle Produktion nicht eignet.

Wir folgen nun dem Hinterrhein flussabwärts. Die alte Straße führt direkt durch die Via Mala, den schon seit Römerzeiten benutzten Handelsweg. Hier sind die Felsen bis zu 300 Meter hoch. Sie überragen die teilweise nur wenige Meter breite Schlucht. Für den Abstieg über 321 Treppenstufen zum Rhein hinunter sollte man sich wetterfest kleiden. Das imposante Schauspiel entschädigt für die Mühen.

Das „Hochzeit-Spezial" von Reichenau

Durch das Domleschg mit seinen zahlreichen Schlössern und Burgen setzen wir unsere Reise nach Reichenau fort. An diesem schon seit Jahrhunderten wichtigen Verkehrsknotenpunkt fließen Vorder- und Hinterrhein zusammen. Schon früher machten Reisende und Kaufleute, die in den Süden wollten, hier Rast. Ein Zollhaus wurde gebaut, das zudem Gaststätte war. Und auch ein Schloss entstand mitten in ertragreichen Ländereien. Der heutige Schlossherr Gian Battista von Tscharner ist Jäger, Fotograf und Winzer zugleich. Er führt uns durch seinen Besitz, zeigt uns Bilder aus der Geschichte Reichenaus, eigene Fotografien und schließlich die ersten Weintrauben, die am Rhein wachsen. „Wir nennen unsere Gegend die beste Pinot-Gegend von Europa", sagt von Tscharner stolz. „Auf alle Fälle wird bei uns der preiswerteste Pinot oder Burgunder hergestellt." Es ist der Föhn, ein warmer Fallwind, der den Weinbau in dieser Region möglich macht.

Das milde Klima zieht Urlauber an. Man wandert – oder heiratet. Das Schlosshotel Adler in Reichenau wirbt mit einem entsprechenden „Hochzeit-Spezial": Trauung in der Schlosskapelle, Brautstrauß aus der schloss-

Donald Pennet

eigenen Boutique und nicht zuletzt das Festmahl im Hotel mit Weinen aus der Schlosskellerei. Wir kommen dazu, als die Hausherrin Monika Stump an einem Hochzeitsgesteck arbeitet. Gemeinsam mit ihrem Mann hat sie das Schlosshotel gepachtet. Gerade bereiten sie ein großes Fest für den nächsten Tag vor. In der Küche sind die Mangoldblätter schon blanchiert. Eine Limonen-Ricottacreme wird angerührt. Eine süße Variante der Graubündner Capuns soll es geben, obwohl der Koch ein Schotte ist. Aber Donald Pennet versteht sein Handwerk, wovon wir uns überzeugen können.

Am nächsten Tag verabschieden wir uns mit symbolträchtigen Bildern: Über dem Zusammenfluss von Vorderrhein und Hinterrhein steht das frisch vermählte Brautpaar. Wie die beiden Gewässer wollen die beiden nun ihren Weg gemeinsam fortsetzen.

Dieser Beitrag beruht auf der Grundlage des Films von Reinhild Dettmer-Finke.

Lumpazzi

Zutaten

Lumpazzi-Biskuit:
15 Eigelb
60 g Zucker
12 Eiweiß
200 g Zucker
70 g Butter
150 g gemahlene Haselnüsse
150 g Mehl
30 g Schokolade für die Glasur

Schokoladenfüllung:
800 g Schokolade
250 ml Milch
100 g pflanzliches Fett
1 Ei

Zubereitung

Lumpazzi-Biskuit: In einer Schüssel Eigelb und 60 g Zucker schaumig rühren. In einer zweiten Schüssel Eiweiß und 200 g Zucker zu Schnee schlagen. Dem Eiweiß die Butter beigeben, dem Eigelb die Haselnüsse. Beide Massen zusammenmischen und das Mehl einmehlieren. Die Masse auf einem tiefen Backblech verteilen und bei mittlerer Hitze im Backofen ca. 30 Minuten backen.

Schokoladenfüllung: Die Schokolade fein hacken. Die Milch aufkochen. Unter ständigem Rühren zuerst die Schokolade und danach das Fett beigeben. Am Schluss das Ei unterziehen.

Anrichten: Den Biskuit aufschneiden und mit der Schokoladenfüllung füllen. Danach in Stücke schneiden. 30 g Schokolade schmelzen lassen und den Biskuit mit flüssiger Schokolade überziehen.

Rezept von Marcel und Reto Schmid, Sedrun

REZEPT

Peche Magers oder Magere Fische

REZEPT

Zutaten

Aus Mehl, Milch, Eiern, Salz und Öl einen Crèpe- oder Pfannkuchenteig zubereiten. Den Teig nach Möglichkeit in einer gusseisernen Pfanne ausbacken. Als Dessert rechnet man eine Crèpe pro Person, als Hauptmahlzeit vier bis sechs Stück.

Füllung (für je eine Crèpe):
2 EL Paniermehl oder Brotkrumen
1/4 EL Zucker
Butter
1 EL Rosinen oder Weintrauben
etwas Milch
Puderzucker zum Bestäuben
nach Belieben Vanilleeis oder
frische Beeren

Zubereitung

Paniermehl und Zucker in Butter goldgelb rösten (hier eignet sich eine Teflonpfanne besonders gut). Die Rosinen (oder Weintrauben) dazugeben und erkalten lassen.

Die Masse (gut 2 Esslöffel pro Crèpe) in die Crèpe einrollen. Die Crèpe in eine Auflaufform geben, etwas Milch dazugeben und im Backofen 5 Minuten bei 180 Grad überbacken.

Anschließend mit Puderzucker bestäuben und das Dessert mit einer Kugel Vanilleeis oder ein paar frischen Beeren servieren.

Rezept von Martin Sialm, Hotel-Restaurant Alpsu, Disentis

Ricotta-Limonencapuns

Zutaten (20 Stück)

200 g Mangold-Blätter

Füllung:
450 g Ricotta
50 ml Vollrahm
40 g Kristallzucker
10 g Vanillezucker
25 g geröstete Pinienkerne
25 g Korinthen

Limonenrahm:
10 g Kristallzucker
geriebene Schale einer Limone (Limette)
Saft einer Limone (Limette)
12 g Raps
150 ml Vollrahm

Zubereitung

Die Mangoldblätter in leicht gesalzenem Wasser blanchieren, abschrecken und trocken tupfen.

Füllung: Ricotta, Rahm, Zucker, Vanillezucker gut verrühren, Pinienkerne und Korinthen unterziehen. Die Füllung auf 20 Mangoldblättern verteilen und wie Capuns jeweils in das Mangoldblatt einschlagen. Mit dem Verschluss nach unten in eine gebutterte feuerfeste Form legen.

Limonenrahm: Zucker, Limonenschale, Limonensaft, Raps und Rahm verrühren und über die Capuns verteilen.

Die Capuns bei 180 Grad 10 bis 15 Minuten im Backofen backen. Ein- bis zweimal mit dem Limonenrahm begießen. Noch warm servieren.

Rezept von Donald Pennet, Schlosshotel Adler, Reichenau

REZEPT

Adressen

Bäckerei
Konditoreicafé Dulezi
Marcel Schmid
CH-7188 Sedrun
Tel.: 0041-819491454
Fax: 0041-819491314
reto@baeckereischmid.ch
www.baeckereischmid.ch

Disentis
Hotel-Restaurant Alpsu
Familie Sialm
CH-7180 Disentis
Tel.: 0041-819475117
Fax: 0041-819474366
hotelalpsu@bluewin.ch

Disentis Sedrun Tourismus
Tel.: 0041-819204030
Fax: 0041-819204039
info@disentis-sedrun.ch
www.disentis-sedrun.ch

„Goldwaschen":
Rafters Outdoor & Events
Postfach 23
CH-6418 Rothenturm
Tel./Fax: 0041-8380364
info@rafters.ch
www.rafters.ch

Tourismusorganisation
Flims Laax Falera
Information
CH-7017 Flims Dorf
Tel.: 0041-819209200
Fax: 0041-819209201
tourismus@alpenarena.ch
www.Alpenarena.ch

„Schwingen":
Alle Termine und Ansprechpartner über
Eidgenössischer Schwinger-Verband
www.esv.ch

„Via Mala":
Verkehrsverein Thusis
Neudorfstraße 49
CH-7430 Thusis
Tel.: 0041-816511134
Fax: 0041-816512563
vvthusis@spin.ch
www.thusis-viamala.ch

Schlosshotel Adler – Reichenau
Andreas und Monika Stump
CH-7015 Tamins
Tel.: 0041-816411044
Fax: 0041-816412496
info@adlerreichenau.ch

Im Vorarlberger Rheintal

Auf unserer zweiten Etappe durchstreifen wir das Vorarlberger Rheintal, das sich von Feldkirch bis Bregenz erstreckt und zu den dichtest besiedelten Gebieten Österreichs zählt. Unser Augenmerk gilt vor allem zwei Naturprodukten, wie sie zu vielen festlichen Anlässen auf den Tisch kommen: dem Wein und dem Käse.

Wenn die Funken stieben

Doch erst einmal „funkt's". Wir sind zu Gast in Lustenau, mit 20 000 Einwohnern die größte Marktgemeinde Österreichs und für ihre Lebensqualität bekannt. Viel beigetragen hat dazu die Anlage als „grünes Großdorf". Hier feiert man das Ende der Faschingszeit mit einem Aufwand wie kaum ein anderer Ort. Hauptdarstellerin des dazugehörigen „Funkensonntags" ist die „Hex'", eine Strohpuppe, die symbolisch verbrannt wird. Am Abend des ersten Sonntags nach Aschermittwoch wird hier nach Einbruch der Dunkelheit ein kunstvoll aufgetürmter Holzstoß entzündet. In Lustenau misst er rund 60 Meter! Als die Flammen vor dem Nachthimmel lodern, stieben die Funken in alle Richtungen. Gut 150 solcher Feuer brennen in dieser Nacht im ganzen Ländle.

Manche bringen diesen Brauch mit den Oster- und Sonnwendfeuern in Verbindung, bei denen das Verbrennen des „Bösen" das Ende des Winters erklärt. Für andere geht das Funkenfeuer auf die Fruchtbarkeitsriten und Brandopfer der Kelten zurück. Die Lustenauer haben ihre eigene Version. So erklärt uns Hans Murer von der „Funkenzunft": „Anno dazumal hat man die Faschingskleider, die Larven, die Masken, alle auf einen Haufen geworfen und nach dem Aschermittwoch angezunden." Und mit Blick auf die Strohpuppe ergänzt er: „Man kann auch einen Hexerich hinauftun. Das hat nichts mit Hexenverbrennung zu tun!" Hex' hin, Hex' her! Wichtig ist an diesem Tag nur eins: dass es endlich wieder wärmer wird!

Wie viele andere Bräuche, ist auch der so genannte Funkensonntag kulinarisch „untermauert“. Im „Frühlingsgarten“ schauen wir der Familie von Wolfgang Reiter bei der Zubereitung der „Funkenküchle“ zu. Dieses Süßgebäck ist zwar eine sehr einfache Speise – am „Funkensonntag“ aber sehr beliebt.

Der „wiederbelebte“ Weinbau

Wenige Kilometer vom Rheindelta entfernt liegt Bregenz, Landeshauptstadt und kulturelles Zentrum Vorarlbergs. Historisch gesehen ist Bregenz die bedeutendste Stadt der Region. Bereits 50 nach Christus erhielt das ehemalige Brigantium das römische Stadtrecht. Im Stadtbild haben alle historischen Epochen ihre Spuren hinterlassen. Die Altstadt ist als beeindruckendes und stimmungsvolles Ensemble erhalten geblieben.

Verträumte Landschaft in Vorarlberg

Das Bodensee-Klima erzeugt im Sommer geradezu mediterrane Verhältnisse. Daher existiert auch in Vorarlberg eine beachtliche Weinbau-Tradition. Dies änderte sich erst durch die Industrialisierung im 19. Jahrhundert. Vor allem die Textilindustrie machte mit vereinfachten Arbeitsweisen den „Knochenjob“ im Weinberg unattraktiv. Bis Anfang des 20. Jahrhunderts schrumpfte die Weinbaufläche Vorarlbergs auf 1 (!) Hektar zusammen. Vor einigen Jahren haben jedoch einige Idealisten beschlossen, dem heimischen Wein wieder zu seinem Recht zu verhelfen. Sie gründeten 1997 den „Verein der Weinbautreibenden Vorarlbergs“. Verstärkung erhielten sie durch die aus dem niederösterreichischen Weinviertel zugezogene Familie Möth, die den Bregenzer Heurigen betreibt.

Beim Weinfest Mitte Juni haben wir Gelegenheit, mit den Winzern Sepp Möth und Harry König ein wenig über die Vermarktung zu fachsimpeln. Noch assoziieren viele mit Vorarlberg in erster Linie ein Skigebiet. Daher gehen die Winzer in die Offensive, um ihre Produkte bekannt zu machen.

Auf seinen Festen präsentiert der Verein ausschließlich Eigenbauweine. Einige davon konnten sich bereits im guten Mittelfeld etablieren, erzählt man uns stolz. Heute bewirtschaften die 70 Mitglieder gemeinsam 15 Hektar Anbaufläche.

Auf dem Fest machen wir auch die Bekanntschaft von Otto Heinz Fulterer. Er führt den Gasthof „Schaefle" in Feldkirch und hat sich als Gastronom und Winzer einen Namen gemacht. Am dortigen Ardetzenberg gegenüber der Schattenburg bewirtschaftet er eine der bekanntesten Lagen des Landes. Mit ihm können wir bei der ersten Qualitätskontrolle nach dem „Supersommer" von 2003 dabei sein. Bedingt durch die hohen Temperaturen wird schon Mitte September gelesen. „Wir haben natürlich ein Sensationsbild hier von 100 Öchsle!", schwärmt Fulterer. Als auch das etwas mehr im Schatten liegende Gewächs 95 anzeigt, ist klar: „Höchstc Zcit, dass wir sic crnten!" Nach diesen Einblicken in die Weinbergsarbeit unternehmen wir noch einen kleinen Rundgang. Wir besuchen die Schattenburg, das Wahrzeichen von Feldkirch, und anschließend die zu ihren Füßen liegende sehr gut erhaltene mittelalterliche Stadt.

Otto Heinz Fulterer

„West Side Story" am See

Doch zurück zu den Festen am Rhein: Seit Jahrzehnten macht Bregenz auch in dieser Sparte von sich reden. Bereits im Sommer 1946 fanden die ersten Festspiel-Aufführungen statt. Mittlerweile ist das Kulturschaffen am Bodenseeufer zu einem Unternehmen von Weltgel-

Am Ardetzenberg

tung geworden. Niveauvolle und aufwändige Produktionen garantieren ausverkaufte Vorstellungen im Festspielhaus und auf der Seebühne. Wir bestaunen auf unserer Reise die „West Side Story“, die von Leonard Bernstein geschaffene zeitlose Liebesgeschichte mit unvergesslichen Songs wie „Maria“ oder „America“.

In unmittelbarer Nachbarschaft zum Festspielgelände liegt das Hotel Mercure. Hier hat man sich für die Besucher etwas Besonderes einfallen lassen: das „Festspiel-Menü in zwei Akten“. Der Blick in die Speisekarte verspricht zum Auftakt „feinste Gänseleber-Trüffelpraline und geräucherte Gänsebrust mit Sommerblattsalaten und Spargelspitzen“. Den Hauptgang präsentiert Chef Franz Schlatter persönlich: ein Ländle-Kalbsfilet, das er für uns in der Küche bereitet. Den Abschluss des ersten Menü-Aktes bildet ein „Dialog von Himbeeren“ als Dessert. Der zweite Akt ist ein Potpourri aus feinem Käse – Delikatessen aus dem nahen Bregenzer Wald.

Bregenzer Festspiele: die Seebühne

Käse als „Standbein“

Die Bilder der leckeren Käseplatte sind für uns die filmische Überleitung, um bei einem weiteren Ausflug in das Umland dieses wichtige „Standbein“ des Bregenzerwaldes zu erforschen. Kaum eine Region bringt so viele erstklassige Käsesorten hervor. Der Grund dafür ist im Klima zu suchen, das meist nur die Bewirtschaftung von Grasland ermöglicht. Die Milchwirtschaft wird so zur einzigen rentablen Form der Nutzung. Die Käseerzeugung gehört somit fast automatisch zu einem Hof dazu und macht den überwiegenden Teil des bäuerlichen Einkommens aus. Die Bregenzerwälder Betriebe haben es geschafft, Käsesorten von derart hoher Qualität auf den Markt zu bringen, wie sie im Rest Österreichs unerreicht geblieben sind.

Wir schauen uns daher die Herstellung des bekanntesten Produkts einmal genauer an: Bergkäse. Viele Betriebe stellen ihn heute noch so her wie früher – im Sennkessel. Das Grundprinzip der Käseherstellung beruht darauf, die festen Bestandteile der geronnenen Milch von den flüssigen zu trennen. Fettarme Milch wird langsam erwärmt. Während dieser Phase werden Milchsäurebakterien und natürliche Fermente beigefügt, die die Gerinnung fördern. Nach etwa 40 Minuten gerinnt die Milch zu einer gallertartigen Masse. Der entstehende Bruch wird abgeschöpft und in Formen gepresst. Die Molke rinnt ab. Nach dreitägigem Salzwasser-Bad wird der junge Käselaib bei hoher Luftfeuchtigkeit im Reifekeller gelagert. Immer wieder muss er gewendet und mit Salzlösung bestrichen werden. Das Salz entzieht dem Käse Feuchtigkeit. Er wird fester und gewinnt dadurch langsam Geschmack. Die Reifung dauert zwischen sechs und zwölf Monate.

Käse beim Alptag in Schwarzenberg

Ohne Marketing geht nichts

Doch wie beim Wein geht auch hier nichts ohne Marketing, wie uns Schilder mit der Aufschrift „Käsestraße Bregenzerwald" signalisieren. Dahinter verbirgt sich eine Art Netzwerk von landwirtschaftlichen Betrieben, Sennereien, Alpen, Käsemachern und Gastronomiebetrieben, das die Zusammenarbeit zwischen Landwirtschaft und Tourismus in der Region fördert. Ein Resultat solch vielfältiger Anstrengungen ist sicher die weit über die Grenzen Vorarlbergs hinausgehende Bekanntheit des Wälderkäses. Mit ihm hat in dieser Region auch der notwendigerweise kleinteilig strukturierte Einzelhandel eine Chance. Wir haben uns stellvertretend den kleinen Laden von Maria Vögel in Schwarzenberg angesehen, in den Touristen aus ganz Europa strömen, um sich von ihr in Sachen Käse beraten zu lassen.

In der 1600-Einwohner-Gemeinde mit ihren zahlreichen Schindelhäusern findet übrigens traditionsgemäß am 15. September der Alptag und am folgenden Tag der dazugehörige Markt statt. Für die Landwirte der Region ist dieses Datum eines der wichtigsten im ganzen Jahr, denn nun wird Bilanz gezogen. Außerdem werden seit 1993 die besten Bergkäse prämiert.

Bis zu 90 Käsemacher stellen sich einmal im Jahr einer unabhängigen internationalen Jury. Und auch die Besucher des Marktes bekommen Gelegenheit, ihren Favoriten zu „erkosten“.

Der Sig als Schokoladenersatz

Was man rund um den Käse noch machen kann, das demonstriert uns in Schwarzenberg der Senner Ignaz Feurstein mit der Herstellung einer Rarität aus dem Bregenzerwald: „Sig“, ein einzigartiges, fast exotisches Produkt, auch „Wälderschokolade“ genannt. Mit Schokolade aus Kakaobohnen hat der Sig jedoch nur von der ocker bis braunen Farbe her eine oberflächliche Ähnlichkeit. Sig – je nach Ortschaft wird er „Sig“, „Sigg“, „Gsigg“ oder „Sieg“ genannt – ist ein Nebenprodukt der Käseherstellung. Kocht man die Molke etwa sieben Stunden weiter ein und mengt je nach Rezept Rahm, Zucker und Butter bei, erhält man eine kleine karamellisierte Masse von eigentümlich salzig-süßem Geschmack. Und tatsächlich wurde der „Sig“ früher als Schokoladenersatz verwendet.

Der „Sig“ begegnet uns im nahen Dornbirn wieder, unserer letzten Station in Österreich. Mittwochs, freitags und samstags wird im Zentrum der Bauernmarkt abgehalten. Am Stand von Frau Angerer entdecken wir ihn im Verkaufsangebot. Der Markt ist ein wirtschaftliches wie gesellschaftliches Ereignis: Hier finden Menschen aus der gesamten Region zusammen. Was immer das Rheintal und der nahe Bregenzerwald zu bieten haben, findet man hier, darunter hausgemachte Spezialitäten wie Mehlspeisen, Marmeladen oder Liköre.

Dieser Beitrag beruht auf der Grundlage des Films von Christian Puluj.

Funkenküchle

Zutaten

4 Eier
2 kg glattes Mehl
1 l warme Milch
30 g Butter
Zimt
Zucker

Zubereitung

Eier, Mehl, Milch und Butter durch gründliches Rühren zu einem geschmeidigen Teig verarbeiten.

Den Teig auswalzen. Am Ende dieses Arbeitsgangs sollte der Teig einen guten Zentimeter dick sein. Danach den Teig in kleine, handliche Rhomben teilen (etwa 15 mal 15 cm Seitenlänge).

In einer Pfanne Öl erhitzen. Die Küchle in heißem Öl herausbacken, bis sie eine leichte Bräunung aufweisen. Aus der Pfanne nehmen, abtropfen lassen und in Zimt-Zucker-Gemisch tauchen.

Rezept vom Gasthaus Frühlingsgarten, Lustenau

REZEPT

Medaillons vom Kalbsfilet auf Schwammerlsauce mit jungem Gemüse und Kartoffelbällchen

REZEPT

(Hauptgang des „Festspiel-Menüs in zwei Akten")

Zutaten (Mengen nach Belieben)

Fleisch:
Kalbsfilets
Salz, Pfeffer
Zucchini
frischer Knoblauch
frisches Basilikum
frischer Thymian
(Zahnstocher)
Kräuteröl

Schwammerlsauce:
frische Pilze: Pfifferlinge, Austernpilze, Champignons, Steinpilze, Hickerlinge
weiße Zwiebel
Butter
frischer Knoblauch
Kalbsfond
Sahne

Gemüsebeilage:
Kartoffeln
Butter
Petersilie
Karotten
Brokkoli
junger Mais
Butter

Zubereitung

Fleisch: Die Kalbsfilets waschen und in Stücke von etwa 4 cm Dicke schneiden (wichtig für die Bemessung ist die Größe der Zucchini, die – längsgeschnitten – den „Mantel" um das Fleisch bilden). Die Kalbsfilets salzen und pfeffern.

Die Zucchini in lange, dünne Scheiben schneiden (diese sollten sich leicht um die Filets wickeln lassen). Die Innenseite des „Zucchinimantels" mit Knoblauch, einem Basilikumblatt und etwas Thymian belegen und dann um die Filets wickeln. Mit einem Zahnstocher fixieren und in etwas Kräuteröl schnell anbraten. Das Fleisch soll etwas Farbe haben und so angebraten sein, dass es immer noch leicht rot ist.

Schwammerlsauce: Die Pilze putzen und größere Stücke halbieren oder vierteln. Die Zwiebel in etwas Butter anschmelzen lassen. Die Pilze dazugeben und leicht sautieren. Ein bisschen Knoblauch dazugeben. Anschließend mit Kalbsfond aufgießen und mit etwas Sahne zu einer cremigen Sauce aufrühren.

Gemüsebeilage: Die Kartoffeln bissfest kochen. Danach schälen und zu Bällchen ausstechen. In Butter sautieren und mit etwas Petersilie anrichten. Karotten, Brokkoli und Mais vorkochen und anschließend in etwas Butter schwenken.

Rezept vom Hotel Mercure, Bregenz

REZEPT

Adressen

„Funkenküchle“:
Gasthaus Frühlingsgarten
Inh. Wolfgang Reiter
Hofsteigstraße 39
A-6890 Lustenau
Tel.: 0043-5577-82412

„Weinfest in Bregenz“:
Weinbau Möth
Inh. Familie Sepp Möth
Langener Straße
A-6900 Bregenz
Mobil: 0043-6644-306962

„Weinlese in Feldkirch“:
Landgasthof Schaefle
Inh. Familie Otto Heinz Fulterer
Naflastraße 3
A-6804 Feldkirch
Tel.: 0043-5522-72203
schaefle@cable.vol.at

„Bregenzer Festspiele“ – Karten bei:
Bregenzer Festspiele GmbH
Vertrieb/Ticket Center
A-6900 Bregenz
Tel.: 0043-5574-407-6
Fax: 0043-5574-407-400
ticket@bregenzerfestspiele.com

„Festspiel-Menü“:
Hotel Mercure
Platz der Wiener Symphoniker 2
A-6900 Bregenz
Tel.: 0043-5574-461000
www.mercure.com
H0799@accor-hotels.com

„Vorarlberg und der Käse“:
Käsestraße Bregenzerwald
Dr. Elisabeth Wagner-Wehrborn
Zeihenbühl 423
A-6951 Lingenau
Tel.: 0043-5513-42877
Mobil: 0043-6643-528515
www.kaesestrasse.at

„Alpfest in Schwarzenberg“:
Schwarzenberg Tourismus
Hof 454
A-6867 Schwarzenberg
Tel.: 0043-5512-2948
www.schwarzenberg.at
info@schwarzenberg.at

„Bauernmarkt in Dornbirn“:
Dornbirn Tourismus
Rathausplatz 1
A-6850 Dornbirn, Österreich
Tel.: 0043-5572-22188
Fax: 0043-5572-31233
www.tiscover.at/dornbirn
tourismus@dornbirn.at

Von Konstanz bis zum Rheinfall

Mitten auf dem Bodensee sind wir mit explosiver Fracht unterwegs. Wir begleiten zwei Lastschiffe auf einer spektakulären Mission: der Vorbereitung eines Riesenfeuerwerks als Höhepunkt des Konstanzer Seenachtsfestes. Entlang der Uferpromenade herrscht Volksfeststimmung. Man flaniert, probiert das kulinarische Angebot der zahlreichen Stände, verweilt bei einer der auftretenden Bands.

Doch jetzt gehen erst einmal die beiden Schiffe mit ihren 700 Abschussrohren am Seezeichen 1 vor Anker. Mehr als 2000 Feuerwerkskörper sollen später in den Nachthimmel steigen – ein gigantisches Spektakel hoher Feuerwerkskunst. „Es ist eigentlich toll, dass im 21. Jahrhundert so eine Technologie wie das Feuerwerk, das ja eigentlich sehr alt ist, immer noch so einen großen Reiz hat und immer noch so viele Menschen auf die Beine bringt", freut sich Feuerwerker Matthias Lünig auf seine Aufgabe.

Auch wir können uns später der Faszination nicht entziehen, die von dem halbstündigen Spektakel ausgeht. Ein erster Feuerzauber soll in Konstanz schon 1507 zu Ehren Kaiser Maximilians gezündet worden sein. Wie uns der Journalist Tobias Engelsing berichtet, liegt die Wiege des Festes selbst am Seerhein. „Wo der deutsche Rhein beginnt, stand das kleine Offizierskasino, in dem getanzt, gefeiert und gesoffen wurde", blickt er auf die Zeit von Kaiser Wilhelm zurück. Wenn der kam, „ging's feierlich zu und man brannte schöne Raketen ab". Später inszenierten die Nationalsozialisten das Fest als Teil eines Fremdenverkehrskonzeptes für ihre „Kraft-durch-Freude-Fahrten". Heute ist von solch propagandistischen Hintergedanken natürlich nichts mehr zu spüren.

Speisen im Maurischen Saal

Am nächsten Morgen begeben wir uns auf einen kleinen Rundgang durch Konstanz mit Altstadt, Münsterplatz und Münster. Neues Wahrzeichen ist die an der Hafeneinfahrt installierte Statue „Imperia" des Bildhauers Peter Lenk. Sie hat die Zeiten noch nicht erlebt, als die Stadt Mitte des 19. Jahrhunderts zum beliebten Ausflugsziel auch für ein breiteres Publikum wurde. Die Reisenden kamen per Bahn und Schiff, schließlich liegen beide Verkehrswege in Konstanz dicht zusammen. Gleich neben dem Hafen steht der Bahnhof mit seinem Turm, der dem Palazzo Vecchio in Florenz nachempfunden ist.

Beim Konstanzer Seenachtsfest

Vis à vis lädt das Hotel Halm mit prächtiger Fassade zum Verweilen. Es hat nach wechselvoller Geschichte wieder zu alter Attraktivität gefunden. Insbesondere der Maurische Saal fasziniert die Gäste – damals wie heute. Orientalismus war im 19. Jahrhundert en vogue, bürgerliche Weltflucht in exotische Fantasieräume. Doch auch uns versetzt der Saal mit seinen großen Spiegeln und Arabesken in eine andere Welt. Um den Eindruck perfekt zu machen, kann man sich hier beispielsweise „Kneffaa", eine delikate orientalische Süßspeise, servieren lassen.

Das Heilig-Blut-Fest

Wir verlassen mit dem Schiff Konstanz in Richtung Reichenau. Die Insel wurde wegen ihres kulturellen Erbes und dem intensiven Gemüseanbau bekannt. So prägen neben drei romanischen Kirchen vor allem Gewächshäuser das Landschaftsbild. Wir sind aber gekommen, um uns das Heilig-Blut-Fest anzusehen. Dieses Fest begehen die Bewohner am 7. Juni, einem der höchsten von drei Feiertagen, die nur auf der Insel abgehalten werden. Es geht auf das Jahr 925 zurück, als das Kloster Reichenau eine Reliquie erwarb, ein kleines, aus vergoldetem Silber gearbeitetes Abtkreuz, das nach der Überlieferung Blut Christi und einen Splitter vom Kreuz enthalten soll. Die Bürgerwehr führt nach dem Hochamt die feierliche Prozession an, bei der neben der Heilig-Blut-Reliquie auch die Schreine aus der Münsterschatzkammer mitgetragen werden.

Das Kirchengerät aus dem Münsterschatz können wir später in der Werkstatt des Reichenauer Silberschmieds Stefan Epp ausführlich bewundern. Er pflegt und restauriert die wertvollen Stücke. Daneben entdecken wir in seinen Arbeitsräumen auch zeitlos elegante Kreationen. Epp fertigt diese für den schönen Tisch. Wer es festlich liebt, erhält bei ihm das Passende – von der schlichten Schale bis zur aufwändigen Terrine.

Kostbares Interieur im Napoleonmuseum

Napoleonische Zeiten

Die Anhöhen rund um den Bodensee bieten für uns ausreichend Gelegenheit, die herrliche Unterseelandschaft einzufangen. Und so „springen" wir ein wenig zwischen der deutschen und der schweizerischen Seite hin und her. Unser nächstes Ziel liegt hoch über dem Schweizer Fischerdörfchen Ermatingen. Das „Schloss Arenenberg" ist heute ein weithin bekanntes Napoleonmuseum. Ursprünglich als Konstanzer Patriziersitz erbaut, geriet das Schloss im 19. Jahrhundert als Domizil der kaiserlich französischen Familie ins Blickfeld der Weltgeschichte.

Es war die Stieftochter und Schwägerin Napoleon I., Hortense de Beauharnais, Mutter der Söhne Napoleon Louis und Louis Napoleon, die ab 1815 bis zu ihrem Tode im Exil am Bodensee lebte. Nach Pariser Vorbild hielt sie hier Hof, pflegte ihre Salons und zog viele bedeutende Persönlichkeiten in ihre Nähe. Doch nicht nur Hortense, sondern vor allem ihr Sohn Louis Napoleon, der spätere Kaiser Napoleon III., hinterließ in der Gegend mit seinen amourösen „Beutezügen" bleibenden Eindruck. Dagegen lebten Napoleon I. und seine Gemahlin Josephine nie auf Schloss Arenenberg. Doch durch die hier ausgestellten kostbaren Gemälde und das wertvolle Mobiliar aus ihrem Besitz scheinen sie allgegenwärtig.

Gefeiert wird am Untersee aus unterschiedlichen Anlässen. Bei unserem Besuch auf Schloss Freudenthal im Herzen des Bodanrücks lässt man anlässlich des Napoleonjahrs alte Zeiten wieder aufleben. Das anmutige

Schlösschen wurde vom Oberhofmeister des Bischofs von Konstanz erbaut und strahlt noch heute mit seinen prächtigen Decken und Gemälden die Lebensfreude seiner barocken Bewohner aus – ein geradezu idealer Rahmen für ein Sieben-Gänge-Festmenü aus erlesenen Speisen wie anno dazumal. Dazu gehört auch eine Hasenpastete, wie sie sich im Konstanzer Kochbuch von 1825 von Caroline Kümicher finden lässt. Für uns haben die Allensbacher Köche Harald Leissner, Klaus Haschlar und Guy Pueb dieses Gericht zubereitet.

Meister ihres Fachs: die Allensbacher Köche

Noch einmal geht es auf die gegenüberliegende Anhöhe, den Schweizer Seerücken. Hier erleben wir „Rhein festlich" im privaten Rahmen. Denn Klingenzell ist nicht nur beliebtes Ausflugsziel, sondern auch ein begehrter Ort zum Heiraten. Markus und Alexandra geben sich in der Wallfahrtskapelle das Ja-Wort. Zur Kapelle gehört ein großer Bauernhof samt einem Restaurant. Es zählt zu den Aufgaben der Hofleute, das Kirchlein zu betreuen. Hof und Gastwirtschaft hat Josef Dähler inzwischen an seine Söhne abgegeben. Als Messner der kleinsten Kirchengemeinde im Thurgau läutet er aber immer noch die Glocken zum täglichen Gebet und – wie heute – zur Hochzeit.

Usbade im Rhybadi

Nachdem der Rhein den Bodensee passiert hat, erlebt er im Grenzland zwischen Deutschland und der Schweiz quasi seine Wiedergeburt. Landschaft und See verengen sich, der Fluss sammelt sich vor Stein am Rhein, um dann in Richtung Westen zu fließen. Wir verweilen ein wenig in der Grenzstadt, die nicht zuletzt wegen ihres fast vollständig erhaltenen mittelalterlichen Kerns ein touristischer Anziehungspunkt ist. Außerdem schmücken Wandmalereien die meisten der stolzen Bürgerhäuser rund um den Rathausplatz. Die Entwicklung der Stadt wurde maßgeblich von der Benediktinerabtei St. Georgen bestimmt. Gelegen an einem strategisch wichtigen Wasserweg, war das Kloster mit Markt- und Münzrecht ausgestattet. St. Georgen ist eine der besterhaltenen Klosteranlagen der Schweiz. Von der Macht des Abtes zeugt der Festsaal mit aufwändigen Schnitzereien und in Grautönen gehaltenen Grisaille-Bildreihen – kostbare Freskomalereien aus der Zeit um 1500.

Wir besteigen nun das Schiff Richtung Schaffhausen. Die Fahrt auf diesem Abschnitt gilt als eine der schönsten in Europa. Hier erlebt man den Rhein noch wirklich frei fließend, Natur pur. Etliche Kilometer flussabwärts erreichen wir die von der mächtigen Festungsanlage Munot beherrschte Stadt, die dem nahen Rheinfall nicht nur ihre Bekanntheit, sondern auch Wohlstand verdankt. Handel und Handwerk profitierten von dem unüberwindbaren Hindernis. Alle Schiffe mussten hier Halt machen und ihre Waren entladen. Auch heute noch ist Schaffhausen mit seinen stattlichen Zunft- und Bürgerhäusern ein umtriebiger Marktplatz am Hochrhein.

Der Rheinfall

Unser erstes Ziel ist die „Rhybadi“. Normalerweise ist das so benannte historische Rheinbad geöffnet, wenn die Flagge mit dem Schaffhauser Bock am Fahnenmast weht. Jetzt, Mitte September, ist die Badesaison zu Ende – Anlass für ein zünftiges Fest. Die „Usbade“ – also der letzte offizielle Badetag – wird mit einer Metzgete, einer deftigen Schlachtplatte, und Schaffhauser Wein gefeiert.

Badefreuden im Rhybadi

Der Aufwand versteht sich, wenn man um das fast liebevolle Verhältnis der Bürger zu ihrem betagten, 1870 erbauten Flussbad weiß. So ist auch Yolanda Walther mit der Rhybadi seit ihrer Kindheit eng verbunden. „Im Sommer ist sie meine zweite Heimat", sagt die Fest-Besucherin, „im Winter vermisse ich sie sehr. Ich gehe manchmal auch bei schlechtem Wetter hierunter und sitze dann einfach nur vorne im Café. Dann treffen wir uns auch – die Damen oder die Herren – je nach dem, es kommt immer jemand." Yolanda Walther hat zum Fest eine Rieslingcrème mitgebracht, bei deren Herstellung wir sie zuvor in der Küche ihres schönen Altstadthauses filmen durften.

Rheinfall mit Beleuchtung

Die Reise auf dem Rheinabschnitt zwischen Bodensee und Schaffhausen endet für uns in ähnlicher Weise, wie sie begonnen hat. Am 1. August ist Schweizer Nationalfeiertag und in Schaffhausen feiert man ihn auf besondere Weise. Um viertel vor zehn Uhr abends beginnt die Rheinfallbeleuchtung – ein Feuerwerk inmitten des gigantischen Wasserfalls. Auch hier sind die Vorbereitungen aufwändig: Aus über 1600 Abschussrohren werden die Feuerwerkskörper gezündet, 15 Kilometer Kabel werden verlegt, damit nach Einbruch der Dunkelheit ein Sternenhimmel der besonderen Art über dem Rheinfall prangt. Die Aufbauarbeiten dauern einen ganzen Tag lang. Wer einmal dieses Feuerwerk miterleben konnte, wird auch an dieser Stelle den Aufwand verstehen.

Dieser Beitrag beruht auf der Grundlage des Films von Willy Meyer.

Kneffaa (Orientalische Süßspeise)

Zutaten (4 Personen)

3 Brikteigblätter (im guten Feinkost-spezialitätengeschäft erhältlich)
Öl
1 EL Speisestärke (Mondamin)
0,5 l Milch (3,5 % Fett)
2 EL Zucker
100 g geröstete, gehackte Mandeln
einige ganze Mandeln für die Garnitur

Zubereitung

Die Brikteigblätter in einer großen Pfanne mit reichlich Öl bei großer Hitze schnell hellbraun braten und auf Küchenpapier abtropfen lassen. Die Speisestärke mit etwas Milch glatt rühren, den Rest der Milch mit dem Zucker aufkochen und dann mit der Stärke binden.

Nach dem Aufkochen abwechselnd mit den Teigplatten und den Mandeln schichten. Die Torte halbieren, aufeinander setzen und in vier gleich große Teile auf Tellern anrichten. Zum Schluss mit den ganzen Mandeln garnieren.

Tipp: Die Kneffaa so kurz wie möglich vor dem Servieren zubereiten, damit der Brikteig auch knusprig bleibt!

Rezept aus dem Hotel Halm, Konstanz

REZEPT

Hasen-Pastete wie zu Napoleons Zeiten

REZEPT

(Original-Rezept, entnommen dem Constanzer Kochbuch von Caroline Kümicher, hrsg. 1825. Die Schreibweise wurde übernommen.)

„Man häntelt einen Hasen recht sauber ab, reibt ihn mit einem saubern Tuch ab, spickt ihn und haut ihn in beliebige Stückchen, überstreut ihn mit Salz und Pfeffer, gießt guten Essig darüber, und läßt ihn zwei Tage stehen.

Man zerschneidet ziemlich viel geräucherten fetten Speck in gewürfelte Bröckelchen, thut ihn in eine Kachel, läßt ihn heiß werden, thut die Hasenstückchen darauf, läßt aber ein Stückchen zum Fars zurück, thut eine Zwieben, ein Lorbeerblatt, ein wenig Thimian und ein Zitronenrädchen dazu, gießt einige Löffel von der Beize, worin der Hase gebeizt wurde, und Fleischbrühe darüber, läßt es mit diesem unter öfterm Umrühren schön gelb dämpfen, streut einen großen Löffel voll Mehl darüber, und läßt es mit diesem recht schön dunkelgelb werden; dann gießt man Fleischbrühe und Essig daran, daß es eine etwas dicke Sauce giebt, und wenn der Has schön weich ist, legt man das Fleisch auf eine Platte heraus, läßt es erkalten und belegt unterdessen eine Casserolle mit mürbem Butterteig, und macht das Fars auf folgende Art:

1/2 Pfund Kalbsleber und das zurückbehaltene Hasenfleich, einige Chalotten und eine andere Zwiebel, die Schale von einer halben Zitrone, ein klein wenig Thimian, Esdragon und Lorbeerblatt; dieses alles zusammen verwiegt man so fein als möglich, rührt es mit 2 oder 3 Löffel voll Sauce, worin der Has gekocht worden ist, an; wenn nichts mehr an Salz und an Geschmack mehr fehlt, legt man die eine Hälfte auf den Boden von Butterteig, und tut den gekochten Has darauf herum, legt das andere Fars darüber und macht einen Deckel von Butterteig datrüber, macht einen Deckel aus Butterteig darüber, macht Verzierungen von dem nämlichen Butterteig nach Belieben darauf herum, oben auf dem Deckel schneidet man eine runde Höhlung einer Hand groß, bestreicht ein Papier mit Butter oder Speck, legt es auf die Oeffnung, legt ein Blättchen zierlich von Teig ausgeschnitten auf das Papier, damit man während dem Backen einigemal von der Sauce, worin der Has gekocht wurde, etliche Löffel voll hinein gießen kann, damit die Pastete nicht trocken wird.

Wenn sie schön ausgebacken ist, richtet man sie auf eine Platte, nimmt das Papier von der Pastete hinweg, gieße noch einige Löffel voll von der Sauce hinein, deckt sie mit dem gebackenen Deckel zu, und giebt sie zur Tafel."

Schaffhauser Rieslingcrème

Zutaten

1 l Riesling x Sylvaner
4 Eigelb
180 g Zucker
50 g Vanillecrèmepulver
50 ml Rahm
Weintrauben zum Garnieren

Zubereitung

Den Riesling zum Sieden bringen. Eigelb, Zucker und Vanillecrèmepulver gut verrühren. Unter kräftigem Rühren mit dem Schneebesen den heißen Riesling dazugeben, in einer Kasserolle unter stetem Rühren kurz aufkochen und sofort umgießen. Unter Rühren rasch abkühlen und mit halbgeschlagenem Rahm verfeinern. Mit schönen Weintrauben garnieren.

Rezept von Yolanda Walther, Schaffhausen

REZEPT

Adressen

„Seenachtsfest Konstanz":
Tourist Information Konstanz GmbH
Veranstaltungsbüro Seenachtsfest
Fischmarkt 2
78462 Konstanz
Tel.: 07531-133030
info@seenachtsfest.com

Hotel Halm
Bahnhofsplatz 6
78462 Konstanz
Tel.: 07531-128990
Fax: 07531-21803
H2827@accor-hotels.com

Informationen zu Inselfeiertagen der Reichenau u. UNESCO-Welterbestätte:
Tourist-Information Insel Reichenau
Pirminstraße 145
78479 Reichenau
Tel.: 07534-9207-0
www.reichenau.de

Münster-Führungen:
Münstermessmer Manfred Müller
Pirminstraße 143
78479 Reichenau
Tel.: 07534-9995999
www.muenstermessmer-reichenau.de

„Festliche Tischkultur auf höchstem Niveau":
Silberschmiede Stefan Epp
Reutegasse 2
78479 Insel Reichenau
Tel.: 07534-7557
Fax: 07534-7434
www.insel-reichenau.de/stefan-epp.htm

Napoleonmuseum Arenenberg
Schloss Arenenberg
CH-8268 Salenstein
Tel.: 0041-71-6633260
www.napoleonmuseum.ch

Übernachtungen im Schloss Freudenthal sind möglich. Informationen bei:
Kultur- und Verkehrsamt Allensbach
Im Bahnhof
Konstanzer Straße 12
78476 Allensbach
Tel.: 07533-80134
www.allensbach.de

„Hochzeit in Klingenzell":
Restaurant Klingenzellerhof
Familie Dähler
CH-8264 Eschenz
Tel.: 0041-52-7412452

Tourist Service Stein am Rhein
Oberstadt 3
CH-8260 Stein am Rhein
Tel.: 0041-52-7422090
Tourist-service@steinamrhein.ch
www.steinamrhein.ch

Informationen zur „Rheinfallbeleuchtung" (Feuerwerk am 1. August), zur Stadt Schaffhausen und zum alten Rheinbad – der Rhybadi – bei:
Schaffhausen Tourismus
Frowagplatz 4
Postfach
CH-8201 Schaffhausen
Tel.: 0041-526255141
www.schaffhausen-tourismus.ch

Unterwegs im Dreiländereck

Nach Abschluss des Feuerwerks übernachten wir in Schaffhausen, denn wir müssen am nächsten Morgen schon früh auf den Beinen sein. Punkt 7.30 Uhr öffnet nämlich oben auf der Festungsanlage einer der beiden Munot-Wächter die Tore. Einst war es ihre Aufgabe, ankommende Feinde zu melden. Nur sonntags zur Messe durften sie den Munot verlassen. Heute ist dank der vielen Besucher die Arbeit glücklicherweise nicht mehr ganz so eintönig. Wir begleiten Hano Butscher, der als 67. Munot-Wächter derzeit das Amt mit seiner Frau wahrnimmt, über die Anlage.

Die hat seit ihrer Erbauung im 16. Jahrhundert bewegte Zeiten hinter sich. Nachdem es den Franzosen 1799 gelang, die Anlage für kurze Zeit zu besetzen, drohte sie im 19. Jahrhundert sogar zu verfallen. Daher wurde 1839 zu ihrer Rettung der Munot-Verein gegründet. Sein festgeschriebenes Ziel ist die „Förderung der Geselligkeit sowie Tanz auf der Munot-Zinne“. Diese Tradition hat sich bis heute erhalten. Wenn der Wächter die Fahne hisst, dann weiß ganz Schaffhausen: Es ist Munotball. Wir beobachten dieses amüsante Schauspiel, denn wenn um 21 Uhr Hano Butscher traditionsgemäß die Munot-Glocke läutet, wird es höfisch. Es ist das Zeichen für den Beginn der Quadrille. Die vier alten Tänze sind nach wie vor der Höhepunkt des Balls.

Klosterstille und Softrafting

Unser Weg führt einige Kilometer weiter nach Westen. Auf einer Insel mitten im Rhein liegt das Kloster Rheinau. Die Klosterkirche ist eine der schönsten Barockkirchen der Schweiz. Ein Kloster gab es hier schon im 8. Jahrhundert. Die letzten der Benediktiner-Mönche mussten die Insel 1862 verlassen. Genau 140 Jahre später wurde ein Teil des Klosters von einem Schwesternorden bezogen. Die „Schwestern der Spirituellen Weggemeinschaft“ nennen ihr Heim das „Haus der Stille“.

Die Schwestern widmen sich einer besonderen Aufgabe: Sie geben Menschen die Möglichkeit, eine Auszeit vom Alltag zu nehmen, um im Kloster zu sich selbst zu finden. Der strukturierte Alltag, so scheint es, lässt Ruhe und Frieden einkehren. Ein paar weltliche Genüsse dürfen dennoch nicht fehlen. Beim gemeinsamen Brunch bietet man uns Wegknackerli an. Nach dem Spezialrezept der Nonnen besteht der Teig aus Margarine, Zimt, Zucker, Haferflocken, Mehl und Mandeln. Die gut durchgerührte Masse wird auf einem Backblech glatt gedrückt und mit einer Gabel verziert. Danach kommen die Wegknackerli in den vorgeheizten Ofen und bleiben dort etwa zwanzig Minuten lang. Uns hat es geschmeckt.

Himmlisch gut: Wegknackerli

So gestärkt kann die Reise weitergehen. Wir haben uns einer Gruppe angeschlossen, die sich im Schlauchboot rheinabwärts treiben lässt. „Softrafting“ heißt dieser Spaß auf neudeutsch. Auf diesem Rhein-Abschnitt fahren noch keine Schiffe. Der Fluss ist daher wie geschaffen zum gemütlichen Paddeln. Ein absolut familientaugliches Vergnügen, denn zwischen Schaffhausen und Eglisau gibt es keine gefährlichen Stromschnellen. Ein paar Staustufen sind die einzigen Hindernisse. Aber die sind schnell überwunden. Und dann geht's weiter durch die Rheinauen. Mit der übergezogenen Schwimmweste lassen sich einige unserer „Mitstreiter“ ruhig durch das Wasser treiben. Sich von der Strömung fortziehen zu lassen, das ist der besondere „Kick“ bei diesem erfrischenden Bad im Rhein.

Brückenschlag am Festtag

Einige Kilometer weiter erreichen wir Eglisau. Wahrzeichen der Stadt sind vor allem die imposante Straßen- und Eisenbahnbrücke mit ihrem gewaltigen Viadukt. Wie überall in der Schweiz feiert man auch in Eglisau den Schweizer Nationalfeiertag am 1. August. Die günstige Lage am Fluss gibt den Feierlichkeiten eine besondere Note: An diesem besonderen Tag im Jahr „brennt“ der Rhein. Mit einbrechender Dunkelheit entzünden die Eglisauer Holzflöße auf dem Fluss. Die lodernden Holzplanken gondeln gemächlich rheinabwärts – Feuerwerk auf Schweizerisch.

Wir setzen unsere Reise auf der deutschen Seite des Rheins fort und kommen nach Waldshut-Tiengen. Im Jahre 1415 wurde Tiengen von den Knechten des Herzogs von Urslingen überfallen. Doch die Einwohner der Stadt konnten die angreifenden Schweizer abwehren. Ein Ereignis, das auch heute, fast 600 Jahre später, noch gefeiert wird. Der „Schweizertag“ ist nach wie vor das Fest in Tiengen. Dann kehrt das Mittelalter in die Stadt zurück. Gaukler, Musikanten und Schauspieler zeigen ihre Kunst. Die Trachten der unterschiedlichen Garden stammen zum Teil noch aus napoleonischer Zeit. Beim sonntäglichen Festumzug werden die großen Fahnen geschwungen – ganz wie bei den Schweizer Nachbarn, nur dass es in Tiengen „emanzipierter“ zugeht: Hier sind es die Frauen, die die Standarten durch den Ort tragen.

Eglisauer Holzfloß in Flammen

Fahnenschwingen beim „Schweizertag“

Westlich von Waldshut-Tiengen liegt die Stadt Laufenburg. Genau genommen sind es zwei Laufenburgs: Napoleon hat die Stadt 1801 in eine schweizerische und eine deutsche Hälfte geteilt. Verbunden sind sie durch eine Brücke, auf der die Grenze verläuft. Bei Feierlichkeiten haben die Zöllner alle Hände voll zu tun. Das Kulturfest der Stadt zum Beispiel heißt „Fließende Grenzen“ – und dann fließt auch der Verkehr noch etwas stärker als sonst. Aber der Mann von der Schweizer Zollbehörde und sein deutscher Kollege sind sich einig. Man hält sich bei solchen Anlässen etwas mehr im Hintergrund, denn die Verbundenheit der beiden Städte ist gerade bei den gemeinsamen Veranstaltungen zu spüren. Und wer einen kleinen Bootstrip auf dem Rhein unternimmt, kann den „Tanz der Türme“ bewundern. So nennen die Laufenburger das Farbenspiel der Häuserfassaden links und rechts des Ufers. Der Anblick bestätigt, dass die beiden Städte eigentlich eins sind.

In Bad Säckingen gibt es gleich zwei Brücken über den Rhein. Die eine davon ist etwas ganz Besonderes: Mit 200 Metern Länge ist sie die längste gedeckte Holzbrücke Europas. Die „gute Stube“ von Bad Säckingen ist der Münsterplatz. Und als „Bad“ verfügt man natürlich auch über einen Kurpark. Zwischen den Pflanzen des Parks entdecken wir das Denkmal von Viktor Scheffel. Scheffel schrieb Mitte des 19. Jahrhunderts das romantische Stück vom „Trompeter von Säckingen“. Und der ist hier noch immer ein kleiner Star. Kein Zufall also, dass sich im Bad Säckinger Schloss das einzige Trompeten-Museum der Welt befindet. Geleitet wird es von dem Amerikaner Edward Tarr, der selbst ein anerkannter Meister auf dem festlichen Instrument ist.

Im Trompetenmuseum

Sammler und Weltenbummler

Ebenfalls eine Trompete entdecken wir in einem Museum ganz anderer Art. Im Ortsteil Wallhalben steht das „Müll-Museum“. Ein Teddy-Bär ist der Urvater der ganzen Sammlung. Sein Schicksal wie das aller anderen Dinge war bereits besiegelt: Ob Festkleider, Puppen oder antike Scheren, sie alle sollten auf einer Mülldeponie enden. Doch dort arbeiteten Karl Thomann und sein Vater Erich. Sie erkannten den Wert der Dinge und retteten nicht nur Teddys, sondern zum Beispiel ganze Schuster-Werkstätten – oder eine urtümliche Trockenhaube. „Wir hatten halt das große

Exotischer Nachtisch aus „Ed's Weinbistro"

Glück, dass wir den Platz gehabt haben", sagt Karl Thomann.

Und Glück war es auch, dass seine Mutter Agnes Thomann den beiden Sammlern das Putzen der Gegenstände abgenommen hat. Ein dickes Lob an die geduldige Frau. Die steht bei unserem Besuch gerade in der Küche, um einen Kuchen zu backen. Wie es sich in diesem Haushalt gehört, entnimmt sie das Nusszopf-Rezept einem von seinem ursprünglichen Besitzer fortgeworfenen Rezeptbuch. Natürlich erhält der Kuchen noch eine persönliche Note. Dann wird der Zopf kunstvoll geflochten und schließlich heißt es „guten Appetit", wenn sich die Thomanns beim kleinen Familienfest im Garten mal vom Sammeln ausruhen.

Westlich von Bad Säckingen liegt eine weitere Doppelstadt: Rheinfelden. Auch hier gibt es jeweils eine deutsche und eine schweizerische Hälfte. Alle zwei Jahre feiert man gemeinsam das Altstadt- und Brückenfest. Dann wird die Brücke für den Autoverkehr gesperrt. Zugelassen sind nur noch Fußgänger und Radfahrer. Auf allen Plätzen ist etwas los und überall gibt's was zu essen. Die Veranstaltungen werden unter anderem von der Musikschule organisiert. Zum Fest gehören kleine Konzerte oder Ausstellungen in der Stadtkirche.

Ein kleiner Geheimtipp liegt etwas versteckt in einer Seitengasse: In „Ed's Weinbistro" bekommt der Gast eine riesige Auswahl an Weinen aus der Neuen Welt. Und auch das Essen ist exotisch. Ob Afrika, Australien oder Amerika – hier trifft sich kulinarisch gesehen die ganze Welt. Die Ideen hat Gastwirt Ed Kaeslin von seinen vielen Reisen mitgebracht, die ihn schon fast um die ganze Welt führten. Zu Ed Kaeslins „Crossover"-Küche darf natürlich auch der entsprechende Nachtisch nicht fehlen. Der „Clou" an dem „Traumdessert", das er für unseren Film zubereitet, ist das Parfait aus Vanille, Roibusch und einem Klecks Schokolade.

Mit Guggemusik zum Morgenstraich

Nicht weit von Rheinfelden und etwas südlich des Rheins liegt Liestal. Hier geht an Fastnacht „die Post ab“. Absoluter Höhepunkt ist der „Chienbäsen-Umzug“ am Abend des Fastnachtssonntags um 19 Uhr. Gebündelte Tannenzweige, die „Kienbesen“, werden um eine Buchenstange herum befestigt und durch die verdunkelte Altstadt getragen. Zum Zug gehört auch ein funkensprühender Feuerwagen, der die Fassaden der Rathausstraße in ein infernalisches Licht taucht. Da ist nicht nur für die erste Zuschauerreihe Vorsicht geboten. Und so steht die Feuerwehr bereit und wacht darüber, dass die gern mal bis zu zehn Meter hochschlagenden Flammen an den Hausfassaden kein Unheil anrichten. Vorneweg zieht die „Guggemusik“ durch die Straßen, bei der prinzipiell jeder mitmachen kann. Als Instrument eignet sich dabei alles, was laut und schrill ist.

Die unbestrittene Fastnachtshochburg der Region ist aber immer noch Basel. Höhepunkt der „drey scheenschte Dääg“ ist der „Morgenstraich“. Am Montag nach Aschermittwoch versammeln sich um vier Uhr morgens wahre Menschenmassen auf dem Marktplatz. Mit dem Glockenschlag erlöschen sämtliche Lichter der Stadt. Weh dem, der jetzt eine Lampe anmacht. Geduldet sind nur noch die Lampions der Narren.

Bis um vier Uhr herrscht auch in der Küche des Restaurants Löwenzorn Hochbetrieb. Lorenz Vögeli bereitet hier Unmengen von Mehlsuppe, einer traditionellen Fastnachtsspeise aus gebackenem Mehl mit Rotwein, Sud und Gewürzen. Nach dem „Morgenstraich“ strömen dann die ersten Gäste ins Löwenzorn, um sich mit der Mehlsuppe zu stärken. Die Narren tanzen unterdessen noch bis in den Morgen hinein.

Dieser Beitrag beruht auf der Grundlage des Films von Thomas Keck.

Nusszopf

Zutaten

Teig:
1/2 Würfel Hefe, 100 g Zucker
1/2 l Milch, 500 g Mehl
1 Prise Salz
2 EL Schweineschmalz
1 Ei
abgeriebene Schale von 1/2 Zitrone

Füllung:
150 g gemahlene Walnüsse
1/8 l Milch
2–3 EL Zucker, 1 TL Kakao
1 Ei, 1 Schuss Sahne

Zuckerguss:
100 – 150 g Puderzucker
Zitronensaft

Zubereitung

Teig: Die Hefe zerkleinern und mit einem Teelöffel Zucker in einer Tasse flüssig machen. Danach die Tasse mit warmer Milch auffüllen und einen kleinen Vorteig machen. Ca. 15 Minuten gehen lassen. Anschließend die Zutaten für den Teig in eine Schüssel geben und mit der übrigen warmen Milch zu einem geschmeidigen Hefeteig verarbeiten. Den Teig gehen lassen.

Füllung: Die Walnüsse mit heißer Milch überbrühen. Erkalten lassen. Danach mit Zucker, Kakao, Ei und etwas Sahne zu einer nicht zu festen Füllung verrühren.

Den fertigen Hefeteig ausrollen. Die Füllung gleichmäßig aufstreichen und den Teig zusammenrollen. Die Rolle auf ein Backblech legen, der Länge nach aufschneiden und zu einem Zopf verschlingen. Im Ofen bei 160–180 Grad etwa 1 Stunde backen. Den fertigen Zopf aus dem Ofen nehmen und erkalten lassen.

Zuckerguss: Puderzucker und Zitronensaft zu einem dicken Guss verrühren und auf den Zopf streichen.

Rezept von Agnes Thomann, Bad Säckingen-Wallbach

REZEPT

Roibusch-Vanille-Parfait-Spitz mit Mango-Kirsch-Sauce

REZEPT

Zutaten (6–8 Personen)

Parfait:
10 g Roibusch-Vanille-Tee (Rotbusch-Tee, erhältlich in guten Teeläden, Feinkostgeschäften und Reformhäusern)
50 ml Milch, 3 Eier
1 Vanille-Stange, 100 g Zucker
1 gehäufter TL Puderzucker, 1 gestrichener TL Vanillezucker
550 ml Sahne, Schokolade

Kirsch-Sauce:
100 g frische, entsteinte Kirschen
30 g Zucker, 1 TL Kirschwasser
1/2 TL Vanille- oder Puderzucker, 40 ml Wasser

Mango-Sauce:
120 g Fruchtfleisch einer Mango (geschält und entsteint)
30 g Zucker, 1 TL Orangenlikör
1/2 TL Vanille- oder Puderzucker, Saft von 1/2 Zitrone

Zubereitung

Parfait: Tee mit Milch kurz aufkochen, vom Herd nehmen und zugedeckt 5 Minuten ziehen lassen (nicht länger, sonst wird er bitter!). Durch ein feines Sieb passieren. Danach mit den Eiern, der aufgeschlitzten Vanille-Stange, Zucker, Puder- und Vanillezucker in eine Schüssel geben. Im Wasserbad mit einem Schwingbesen kalt-warm schlagen. (Wasserbad: Pfanne mit 1/3 Wasser füllen, aufkochen, Schüssel auf Pfanne stellen, 2–3 Minuten warm schlagen, von Pfanne nehmen und 2–3 Minuten kalt schlagen, drei- bis viermal wiederholen, bis die Masse zur Rose gekocht ist.) Masse vollständig auskühlen lassen (Schüssel auf eiskaltes Wasser stellen). Die Sahne aufschlagen, 4 große Suppenlöffel zum späteren Ausgarnieren wegnehmen und kühl stellen. Sahne mit der Kelle vorsichtig unter die Masse mischen. In Formen gießen (z. B. Spitz-Formen, Kaffee- oder Espressotassen) und im Tiefkühler durchfrieren.

Kirsch-Sauce: Alle Zutaten 15 Minuten kochen lassen, noch warm pürieren und durch ein Sieb passieren.

Mango-Sauce: Zubereitung wie Kirsch-Sauce, mit nur 10 Minuten Kochzeit.

Garnieren: Große weiße Teller nach Belieben mit den Saucen dekorieren. Mit frischen Früchten und geschlagener Sahne ausgarnieren. Parfait direkt aus dem Tiefkühler aus der Form nehmen (wenn nötig, mit heißem Messer zuschneiden). Die Spitze vorsichtig in flüssige Schokolade tunken und auf den Tellern anrichten.

Rezept von Ed Kaeslin, Ed's Weinbistro, Rheinfelden

Basler Mehlsuppe

Zutaten (für 2,5 l)

700 g Zwiebeln
200 g Halbweißmehl
80 g Pflanzenfett
3 l Bouillon
0,2 l roter Kochwein
Salz, Pfeffer
etwas geriebener Sbrinz
(oder Appenzeller)

Zubereitung

Die Zwiebeln schälen und fein schneiden (oder hacken). Das Mehl in einer Lyoner Pfanne im Ofen langsam braun rösten. Auskühlen lassen.

In einem großen Topf die Zwiebeln in Pflanzenfett langsam braun rösten. Mit dem gerösteten Mehl stäuben und vermischen. Etwas erkalten lassen.

Die gemehlten Zwiebeln mit der heißen Bouillon auffüllen und gut verrühren. Die Suppe aufkochen, den Rotwein dazufügen, abschäumen und mindestens 1 Stunde sieden lassen.

Die Suppe durch ein feines Spitzsieb passieren. Mit Salz und Pfeffer abschmecken. Den geriebenen Sbrinz (oder Appenzeller) separat dazu servieren.

Rezept von Lorenz Vögeli, Restaurant Löwenzorn, Basel

REZEPT

Adressen

Schwestern der Spirituellen
Weggemeinschaft
„Haus der Stille", Rheinau
Schwester Andrea
Tel.: 0041-52-3049940

Tourist-Info Waldshut
Wallstraße 26
79761 Waldshut-Tiengen
Tel.: 07751-83200
Fax: 07751-833126
tourist-info@waldshut-tiengen.de

Verkehrsbüro Laufenburg
Laufenplatz
CH-5080 Laufenburg
Tel.: 0041-62-8744455
Fax: 0041-62-8744456
info@laufenburg-tourismus.ch

Deutsches Kulturamt Laufenburg
Tel.: 07763-806 51

„Müll-Museum"
Fam. Thomann
Hauptstraße 162
79713 Bad Säckingen-Wallbach
Tel.: 07761-4325

„Scheffel kulinarisch":
Nachtwächterführung mit
Hans-Martin Vögtle
Tel.: 07761-1434

Stadtverwaltung Rheinfelden (Baden)
Kirchplatz 2
79618 Rheinfelden (Baden)
Tel.: 07623-950
Fax: 07623-95220
info@rheinfelden-baden.de

Ed's Weinbistro
Ed Kaeslin
Brodlaube 23
CH-4310 Rheinfelden
Tel.: 0041-61-8331233
www.edsweinbistro.ch

Baselland Tourismus
Altmarktstraße 96
CH-4410 Liestal
Tel.: 0041-61-9276535
Fax: 0041-61-9276550
info@baselland-tourismus.ch

Tourist- & Hotelinformation
Hauptbahnhof
CH-4002 Basel
Tel.: 0441-61-2686868
Fax: 0441-61-2686870
info@baseltourismus.ch
www.baseltourismus.ch

Lorenz Vögeli
Restaurant Löwenzorn
Gemsberg 2/4
CH-4051 Basel
Tel.: 0041-61-2614213

Abstecher ins Oberelsass

Liegt das Gold im Rhein, so liegt das Glück in der Wiese. Das zumindest behauptet ein französischer Dichter. Um dieses Glück zu finden, empfiehlt sich ein Ausflug in den Sundgau. Hier, im Südzipfel des Elsass zwischen der Schweiz und der Region von Belfort, scheint die Zeit stillzustehen. Wer es erleben möchte, dem empfehlen wir einen Besuch bei Edgar Philippe und seiner Frau Marie-Odile. Im Largue-Tal führen sie eine Gastwirtschaft und sorgen mit ihren pferdebespannten Planwagen für ungewöhnliche Ausfahrten. Für einen Tages- oder sogar einen Wochenausflug steht ein mit allem Komfort ausgestatteter Wagen bereit.

Folklore in altem Gemäuer

Unsere erste festliche Station auf diesem Reise-Abschnitt führt uns aber noch etwas weiter südlich, nach Ferrette. In dieser idyllischen Gegend bestellt Suzanne Roth ihren Garten. Und sie kocht leidenschaftlich gern – nach Rezepten von anno dazumal. Unter den zahlreichen Kochbüchern, die sie geschrieben hat, ist auch eines mit traditionellen Rezepten aus dem Sundgau. Suzanne Roth verwendet mit Vorliebe regionale Erzeugnisse. Heute backt sie eine Tarte mit Zwetschgen aus ihrem Garten. Wie alle Elsässer hat sie dabei ihr eigenes Rezept, um dem Kuchen eine ganz persönliche Note zu geben. Was für Suzanne eine echte Zwetschgentarte ausmacht, ist das Gemisch aus Zucker und Zimt, mit dem sie die Tarte nach dem Backen bestäubt.

Die fertige Tarte nimmt sie zu einem besonderen Fest der Gegend mit. Wir begleiten sie auf die nahe gelegene Burg Ferrette. Seit dem 12. Jahrhundert thront diese auf einem 612 Meter hohen Felsgipfel. Heute dient die romantische Ruine den Musikern und Tänzern der „Mattagumber" als

Kulisse. Diese folkloristische Gruppe lässt Traditionen vergangener Jahrhunderte wiederaufleben. Da wird viel Wert auf's Detail gelegt, wenn beispielsweise die Kleider der Tänzerinnen nach der Sundgauer Tracht aus dem 18. Jahrhundert entworfen wurden. Selbst die Hauben unterscheiden sich je nach Dorf und Epoche, wie dies uns Suzanne Kallmeyer, die Leiterin der Gruppe, erklärt. Und dann kann es losgehen: tanzen, musizieren, essen, gemütlich zusammensitzen. Sowohl die Mattagumber als auch ihr Publikum haben Spaß und so endet der Abend an der Burgruine von Ferrette bei ausgelassener Stimmung erst im Mondenschein.

Nach dem Fest kehren wir zurück an den stillen Fluss. Bei St. Louis bahnt sich abseits des schiffbaren Stroms der Rhein seinen Weg frei fließend durch sumpfiges Auland. Hier liegt die „kleine elsässische Camargue". Dieses 120 Hektar große Sumpfland lässt uns erahnen, wie der wuchernde rheinische Dschungel einst ausgesehen haben mag. Die kleine Camargue ist ein Naturschutzgebiet, das täglich für Besucher, allein oder in Gruppen, geöffnet ist. Auch wir haben uns einer Führung angeschlossen, die uns auf hölzernen Stegen durch das sumpfige Gebiet lotst. Es ist ein Paradies für Naturliebhaber. Unter anderem entdecken wir hier Libellen. 40 Arten leben im Ried der kleinen Camargue.

Originalgetreue Tracht beim Fest auf Burg Ferrette

Auf unserem Rundgang kommen wir an einem schönen Fachwerkhaus vorbei. In dem 1840 unter Napoléon III. errichteten Gebäude war die erste große Fischzucht Europas untergebracht. Heute hat die kaiserliche Fischzucht ihre ursprüngliche Tätigkeit wieder aufgenommen. Man züchtet Lachse und hofft, dass sie eines Tages spontan ihren Weg in den Rhein finden werden. Wir sind dabei, als ein Schwarm fünf Zentimeter langer Setzlinge aus dem Eimer den ersten großen Sprung in einen Nebenfluss des Rheins macht. Dort sollen sie ein Jahr lang kräftig wachsen, bevor sie über den Rhein die Reise ins Meer antreten.

Die Tannen von Thann

„Thannele": das Gebäck zum Fest

Unsere nächste festliche Station liegt wieder im Landesinneren, am Fuß der Vogesen: Thann. Beim Hubschrauberflug über die Stadt entdecken wir einen großen steineren Ring. Was wie eine überdimensionale Plastik wirkt, ist das „Hexenauge", der Überrest einer Burg. Unten bereiten sich die Einwohner von Thann auf ein uraltes Fest zu Ehren des heiligen Theobald vor. Mit der „Verbrennung der drei Tannen" auf dem Platz vor dem Münster St. Thiébaut ehren sie am Abend des 30. Junis den Schutzpatron ihrer Stadt. Der heilige Theobald, so erzählt die Legende, war einst Bischof von Gubbio in Italien. Auf dem Sterbebett übergab er den Bischofsring seinem Diener. Der machte sich daraufhin auf den Heimweg nach Lothringen. Bei Thann gönnte er sich eine Pause und schlief ein. Als er aufwachte, hatte sein Wanderstab, den er an eine Tanne gelehnt hatte, Wurzeln geschlagen und drei Lichter brannten im Himmel. Das war am 30. Juni 1161. Dank dieser Lichterscheinungen wurde Thann zu einem berühmten Wallfahrtsort, denn ein Lehnsherr in der Nachbarschaft sah darin ein göttliches Zeichen und baute dem Bischof von Gubbio eine Kapelle. Jahrhundertelang kamen Pilger aus ganz Nordeuropa, um den heiligen Theobald zu bitten, ihre Wünsche zu erfüllen. Den Brauch, die drei Tannen als Symbol der drei Lichter zu verbrennen, gibt es seit 1458.

Auch heute sind die Einwohner früh auf den Beinen, denn das Fest muss sorgfältig vorbereitet werden. Den Gemeindearbeitern fällt die wichtige Aufgabe zu, die drei Bäume zu präparieren und aufzurichten, die bei Einbruch der Nacht in Flammen aufgehen sollen. Die Helfer füllen die gespaltenen Stämme mit Spänen und bedecken sie mit Astwerk. Nun können die gut fünf Meter hohen Tannen angezündet werden. Am Abend ist es so weit. Die brennenden Bäume tauchen das Münster und die umliegenden Häuser in flackerndes Licht – ein beeindruckendes Schauspiel. Übrigens: Nur an diesem Tag backen die hiesigen Bäcker riesige Mengen von „Thannele". Wir haben uns bei Antoine Vincent die Herstellung zeigen lassen. Auch er formt Brotteig zu kleinen Tannen, Symbole der Gründungslegende von Thann.

Speisen in Klein-Venedig

Ein Stück weiter nördlich erreichen wir Colmar. Die Stadt verdankt berühmten Weinbergen und seit dem 14. Jahrhundert dem Weinexport ihren Wohlstand. Es heißt aber auch, Colmar sei die elsässischste aller elsässischen Städte. Um sich davon zu überzeugen, braucht man nur bis zur Stiftskirche Saint Martin zu gehen – und schon steht man vor einem Kleinod der elsässischen Gotik. Die historischen Fassaden in den engen Gassen rund um die Kirche fügen sich zu einem Lehrbuch der rheinischen Baukunst seit der Renaissance zusammen. Aus dieser Zeit stammt das Maison des Têtes, das „Kopfhaus". Seinen Namen verdankt es den 106 skulpturartigen Köpfen, mit denen die Fassade geschmückt ist.

Verführerisch: Ananasterrine

Fachwerkidylle pur empfängt uns im „Klein-Venedig" von Colmar. Die Häuserfront erstreckt sich am Flüsschen Lauch entlang. Hier kann man nicht nur im Kahn ein wenig von der Lagunenstadt träumen, sondern auch bestens speisen. Einige Restaurants haben sich der kreativen Gastronomie verschrieben. Jean-Yves Schillinger begrüßt uns auf seiner Terrasse mit Blick auf das Wasser und bereitet eine Ananasterrine, eine Safran-Sabayon und Eis mit thailändischem Zitronengras zu. Dieser multikulturelle Genuss ist eine Spezialität des Hauses. Und so kombiniert diese Nachspeise mit Früchten und Gewürzen – wie alle Gerichte auf der Speisekarte – Aromen aus aller Herren Länder subtil miteinander.

Motorensound und Oud-Klänge

Auf gewundenen Straßen geht es durch die idyllischen Weinberge rund um Colmar. Die gemütliche Ausfahrt ist ein Vorgeschmack auf das Erlebnis, zu dem wir Bernard Jaegy begleiten werden. Als wir ihn treffen, bringt er gerade einen seiner Oldtimer auf Hochglanz. Das chromblitzende Prachtstück ist ein dunkelroter Delahaye. Von diesem Kabriolett, Bau-

Skulptur am „Kopfhaus" in Colmar

jahr 1948, gibt es weltweit nur sieben Exemplare. Eines gehört Bernard Jaegy. Er sammelt alte Autos wie andere Kunstwerke. Mit dem Delahaye hat Bernard Jaegy bereits bei der europäischen Oldtimer-Show in Schwetzingen einen ersten Preis gewonnen.

Nun rüstet er sich, um am Wettbewerb der schönsten Automobile in Mulhouse teilzunehmen. Alljährlich organisiert die Stadt, in der sich durch den Unternehmer Fritz Schlumpf eines der größten Automuseen befindet, dieses Festival. Eine Woche lang stehen die schönsten Karossen aller Marken im Mittelpunkt. Hier fährt niemand zu schnell – die einen sind gekommen, um sich bewundern zu lassen, die anderen, um zu bewundern. Langsam kurven wir mit dem Delahaye-Kabriolett durch die Parade teuren Blechs – Ferrari, Bugatti, Mercedes. Doch den ersten Preis gewinnt auch hier der Delahaye von Bernard Jaegy.

Vom Sound der großhubigen Motore zu einem Klangerlebnis besonderer Art: Jedes Jahr werden beim Festival „Voix et route romanes" im Spätsommer die schönsten Werke mittelalterlicher Musik in den ältesten Kirchen der Region aufgeführt. Eine von ihnen steht in Ottmarsheim. Sie ist ein Meisterwerk romanischer Baukunst. Der achteckige Zentralbau ist der einzige seiner Art im Elsass. Als Vorbild diente die Aachener Pfalzkapelle Kaiser Karls des Großen aus dem Jahr 800.

Bei unserem Besuch proben gerade zwei Oudspieler für ihr Konzert am Abend. Oud ist die traditionelle arabische Laute, ein sehr altes Instrument aus dem 6./7. Jahrhundert, das mit einer Adlerfeder gespielt wird. Auf dem Programm stehen arabisch-andalusische Melodien, so wie sie die mittelalterlichen Troubadoure bei ihren Auftritten überall in Europa verbreiteten. Wir verweilen noch einen Moment, um den exotischen Klängen in dem altehrwürdigen Gemäuer zu lauschen.

Die Kirche von Ottmarsheim wurde 1049 von Leo IX. geweiht, dem einzigen Papst, den das Elsass hervorgebracht hat. Seiner Statue begegnen wir in dem reizvollen Winzerdorf Eguisheim nahe Colmar wieder. Hier wurde Papst Leo IX. vor tausend Jahren geboren. Er war ein Sohn der Grafen von Eguisheim, denen die Ländereien in der Umgebung gehörten. Wir sehen uns das Städtchen aber noch aus einem anderen Grund an. Hier hat Jean-Christophe Perrin sein Restaurant – Gelegenheit, ihm bei der Zubereitung eines wunderbaren Desserts zuzusehen: ein Sorbet aus Trester vom Gewürztraminer und Weinblätterchips.

Sorbet, kreiert von Jean-Christophe Perrin

Ein Gruß an alte Zeiten: Kahn auf der Ill

Nicht weit von Eguisheim entfernt fließt die Ill, der größte elsässische Nebenfluss des Rheins. Früher, als die Straßen unsicher und der Rhein noch unberechenbar war, wurden die Waren auf der Ill befördert. Der Illschifffahrt verdankt das Dorf Illhäusern seine Blüte. Seine Einwohner waren Fischer und Binnenschiffer. Fast ihr gesamtes Leben spielte sich daher auf dem Fluss ab. Im Juli treffen sich ihre Nachfahren auf der Ill wieder, um der großen Epoche mit einer Fanfare zu gedenken. Die Kähne sind geschmückt, der Umzug auf dem Fluss kann beginnen. Mit einer Reihe von lebenden Bildern stellen sie das Leben des Schiffers Max nach, so wie es sich im 19. Jahrhundert zugetragen haben könnte.

Dieser Beitrag beruht auf der Grundlage des Films von Corinne Ibram und Jean Will.

Zwetschgentarte

Zutaten

Teig:
150 g Mehl
150 g gemahlene Mandeln
1 TL Backpulver
125 g Puderzucker
1 Pck. Vanillezucker
1 Prise Salz
100 g weiche Butter
1 Ei
4 EL Milch

Belag:
1 kg Zwetschgen
1 Ei
2 EL Puderzucker
150 ml Sahne
Zucker und Zimt zum Bestäuben

Zubereitung

Mehl in eine Schüssel geben und mit gemahlenen Mandeln, Backpulver, Puderzucker, Vanillezucker und Salz vermischen. Die Butter in Stücke schneiden und mit den Fingern mit der Mehlmischung verkrümeln. Das Ei zum Teig geben und die Milch hinzufügen. Den Teig gerade so lange kneten, dass eine Kugel formbar ist. 30 Minuten im Kühlschrank ruhen lassen.

Die Tarteform buttern. Die Zwetschgen der Länge nach durchschneiden, die Steine entfernen, die Früchte anschließend halbhoch einschneiden. Den Teig aus der Kühlung nehmen, ausrollen und in die Form legen. Die Zwetschgen möglichst dicht auf dem Teigboden verteilen. Im vorgeheizten Backofen bei 220 Grad 20 Minuten backen.

Das Ei mit dem Puderzucker und der Sahne verquirlen. Die Masse über die Zwetschgen gießen und nochmals 20–25 Minuten backen. Wenn die Tarte fertig gebacken ist, mit Zucker und Zimt bestäuben.

Rezept von Suzanne Roth, Muespach le Haut

REZEPT

Ananasterrine mit Safran-Sabayon und Zitronengraseiscrème

R
E
Z
E
P
T

Zutaten

1 reife kleine Ananas
Butter

Weinschaum:
60 g Zucker, 40 ml Wasser
3 Eigelb, 1 Ei
1 g Safran
200 g geschlagene Crème fraîche

Marzipanboden:
1 TL Puddingpulver
70 g gemahlene Mandeln
80 g Zucker
50 g Marzipan
2 Eier, 1 Eigelb
Butter

Eiscrème:
1 l Milch
500 g Zucker
3 Blätter Zitronengras

Zubereitung

Die Ananas schälen, klein schneiden, dabei die feste Mitte entfernen. Bei mittlerer Hitze in einer Pfanne in etwas Butter schwenken.
Weinschaum: Zucker im Wasser verrühren und auflösen lassen. Eigelbe und verquirltes Ei in eine Schüssel geben, das Zuckerwasser darüber gießen. Alles zusammen gut verrühren. Den Safran zugeben. Alles zusammen ins Wasserbad geben und bei 80 Grad weiterrühren, aber nicht schlagen. Die Masse aus dem Wasserbad nehmen und mit dem Handrührgerät auf höchster Stufe schlagen. Geschlagene Crème fraîche hinzufügen, nochmals verquirlen und kühl stellen.
Marzipanboden: Puddingpulver, gemahlene Mandeln, Zucker und Marzipan miteinander verrühren. Die Eier zugeben und etwa 5 Minuten mit dem Handrührgerät verrühren. In kreisförmige Förmchen füllen (von der Größe des Glases, in dem das Törtchen später serviert wird) und 2 cm hoch mit Butter auffüllen. Im vorgeheizten Ofen bei 170 Grad 10–12 Minuten backen. Abkühlen lassen und aus der Form nehmen.
Eiscrème: Milch zum Kochen bringen, den Zucker hinzufügen. Zitronengras in kleine Stücke schneiden und 1 Stunde in der köchelnden Milch ziehen lassen. Durch ein feines Sieb gießen, abkühlen lassen, ins Tiefkühlfach stellen. Durch eine Sorbetiere drehen und im Tiefkühlfach aufbewahren.
Anrichten: Den Marzipanboden in ein Glas geben. Ananaswürfel darauf geben, Weinschaum darüber geben und nach Belieben dekorieren. Das Eis in einem anderen Glas servieren.

Rezept von Jean-Yves Schillinger, Colmar

Sorbet aus Trester vom Gewürztraminer und Weinblätterchips

Zutaten

Sorbet:
100 ml Wasser
225 g Zucker
25 g Traubenzucker
8 g Gelierzucker
Saft von 4 Zitronen
Saft von 3 Orangen
Saft von 1 Pampelmuse
100 ml Gewürztraminer-Trester

Weinblätterchips:
75 g weiche Butter
100 g Puderzucker
90 g Eiweiß
80 g Mehl
10 g Kakaopulver

Sauce:
500 ml Wasser
250 g Zucker
Saft von 1/2 Zitrone
300–400 g weiße Weintrauben

Zubereitung

Sorbet: Wasser mit 200 g Zucker und Traubenzucker zum Kochen bringen. Den Gelierzucker mit dem restlichen Zucker mischen und zufügen. Aufkochen lassen und den Saft der Zitrusfrüchte dazugeben. Durch ein feines Sieb passieren und den Gewürztraminer-Trester zufügen. Abkühlen lassen, ins Tiefkühlfach stellen und durch eine Sorbetiere drehen.
Weinblätterchips: Butter mit dem Puderzucker verrühren. Nach und nach das Eiweiß und das Mehl unterrühren. 2 EL der Masse abnehmen und das Kakaopulver darin verrühren. Die weiße Masse mithilfe einer Schablone auf Backpapier streichen, sodass sich die Form eines Weinblatts ergibt. Die dunkle Teigmasse in eine Spritztüte mit schmaler Tülle geben und die Teigäderchen auf dem Weinblatt zeichnen. Im vorgeheizten Backofen bei 180 Grad 3–4 Minuten backen. Beiseite stellen.
Sauce: Wasser zusammen mit dem Zucker und dem Zitronensaft zum Kochen bringen. Die Weintrauben dazugeben und 3 Minuten kochen lassen. Aus dem Sirup nehmen und beiseite stellen. 15–20 Rosinen abnehmen und zusammen mit etwas Sirup mixen. Zum Schluss durch ein feines Sieb streichen.
Anrichten: 3 Kugeln Sorbet pro Portion auf die Teller geben. Die Weintrauben dekorativ auf dem Teller verteilen und mit etwas Sauce beträufeln. Ein Weinblattchip auf jede Portion geben.

Rezept von Jean-Christophe Perrin, Restaurant Le Caveau d'Eguisheim, Eguisheim

REZEPT

Adressen

„Planwagenfahrten":
Le Relais de la Largue
3 rue Sainte Barbe
F-68210 Altenach
Tel.: 0033-89-250254

Office du tourisme du Jura Alsacien
Rue Lucelle
F-68400 Ferrette
Tel.: 0033-89-082388

Petite Camargue alsacienne
1 rue de la pisciculture
F-68300 Saint Louis
Tel.: 0033-89-897850

Office du tourisme du pays de Thann
7 rue de la 1ère Armée
F-68800 Thann
Tel.: 0033-89-379620
Fax: 0033-89-370458
office-du-tourisme.thann@wanadoo.fr

Restaurant „JYS"
17 rue de la poissonnerie
F-68000 Colmar
Tel.: 0033-89-215360

Office du tourisme Mulhouse
9 avenue Foch
F-68100 Mulhouse
Tel.: 0033-89-354848
Fax: 0033-89-456616

Association du Festival
„Voix et route romanes"
35 Boulevard d'Anvers
F-67000 Strasbourg
Tel.: 0033-90-410202

Restaurant „Le Caveau d'Eguisheim"
3 place du Château Saint Leon
F-68420 Eguisheim
Tel.: 0033-89-410889

Vom Markgräflerland zum Kaiserstuhl

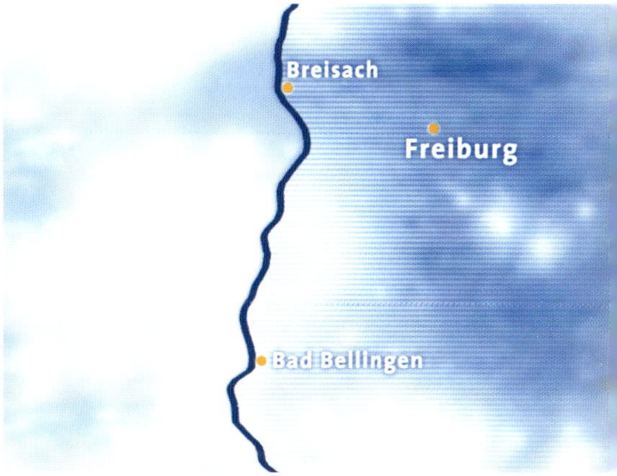

Bad Bellingen ist Ausgangspunkt unserer heutigen Etappe. Wir sind zu Gast im Landhaus Ettenbühl, einem ehemaligen Aussiedlerhof. Seit den 70er Jahren gedeihen hier Rosen – über 400 Sorten. Und einmal im Jahr findet am ersten Juniwochenende das Rosenfest statt. Tausende von Menschen verlieren sich in einem englisch anmutenden Ambiente.

Gerne erzählt die Rosenzüchterin Stefanie Körner von den Anfängen, als ihre Mutter von einer Freundin auf eine Reise durch englische Gärten mitgenommen wurde. Die Begeisterung für diese Gartenform schlug sich alsbald ums eigene Haus herum nieder. Auch das ein oder andere „Mitbringsel" von Freunden wurde eingepflanzt. So verwandelten sich die Liegenschaften Schritt für Schritt in eine Park- und Gartenlandschaft.

Heute ist das rund vier Hektar große Gelände nach verschiedenen Themen geordnet. Es gibt den Teichgarten mit Pergola, ein Ahornwäldchen, ein mediterranes Kräutergärtchen, den Pfingstrosenweg und vieles mehr. Aus den Anfängen des privaten Projektes ist ein kleines Unternehmen mit Rosenbaumschule und Rosenzucht, Versandhandel und Verkauf geworden. Und so kann man das Rosenfest durchaus nutzen, um Accessoires für den eigenen Rosengarten zu finden, Ideen für die heimischen Gärten zu sammeln, harmonische Farbpaletten zu entdecken, sich zu versenken in dieser atemberaubenden Beschaulichkeit, auf einer von unzähligen Rast- und Ruhebänken zu verweilen.

Genüsse für Gaumen, Augen und Ohren

Unweit des Landhauses Ettenbühl steht das Wasserschloss Inzlingen aus dem 16. Jahrhundert. Ende der 60er Jahre drohte das schmucke Stück zu verfallen. In einem Kraftakt hat die kleine Gemeinde Inzlingen die Anlage erworben und restauriert. Heute glänzt das Gemäuer mit seinem weißen Anstrich und den roten Ziegeln wieder. Die barocke Außenbemalung am Tor weist auf das üppige Innenleben. Heute ist hier das Rathaus untergebracht und ein gehobenes Restaurant, das 23 Jahre mit einem Michelin-Stern dekoriert war.

Das Restaurant im Wasserschloss ist geradezu prädestiniert, um stilvolle Feste zu feiern. Zudem bietet es in den verschiedenen Räumen Platz für über 100 Gäste. Unseren Besuch in der Küche nutzen wir, um einmal hinter die Kulissen eines solchen Gastrobetriebs zu blicken. Chef Sepp Beha und seine Mannschaft bewegen sich mit einer behenden Quirligkeit auf minimalem Raum. Im Sommer herrschen in der Nähe der Öfen oft 70 Grad. Doch die Gäste bemerken nichts von dieser Schwerstarbeit. Die Ruhe und die Inspiration für diese Arbeit zieht Sepp Beha aus seinem Hobby, an dem er hin und wieder auch seine Gäste teilhaben lässt. Dann betritt er – nun im Anzug – das Restaurant und singt zur Klavierbegleitung Lieder von Schubert.

Romantische Pfade im Park von Ettenbühl

Ruhe und Inspiration kann auch ein Ausflug in die idyllischen Täler des Schwarzwaldes bringen. Wir sind unterwegs im Wiesental. Jedes Jahr hält man hier am zweiten Sonntag im Mai einen Festgottesdienst in der Kapelle Maria Frieden ab. Er erinnert an die letzten Kriegstage, als am 26. April 1945 die Franzosen über den Rhein kamen und das Tal besetzten. Die Bevölkerung betete viele Rosenkränze, man möge von Plünderungen und Tod verschont

Das Wasserschloss Inzlingen

bleiben. Es kam den Menschen wie ein Wunder vor, dass diese Wünsche erfüllt wurden. Kein Schuss, keine weiteren Zerstörungen – ein Hoffnungsschimmer am Ende des Krieges.

Das „Haus Hirtenbrunnen"

Zum Dank beschloss die Pfarrgemeinde Mambach wenige Tage nach dem offiziellen Kriegsende, auf einem Hügel zu Ehren der Gottesmutter die Kapelle zu bauen. Wer Hacke oder Spaten besaß, packte mit an – und das zu Zeiten des Hungers und anderer Entbehrungen. Schon ein Jahr später konnte man das Kirchlein einweihen. Seither pilgern Wanderer wie Wallfahrer das ganze Jahr über zu Maria Frieden.

Ein paar Straßenkehren weiter machen wir im Weiler Fröhnd-Hof Halt. Wir stehen vor einem typischen Schwarzwaldanwesen mit einer über 440-jährigen Vergangenheit. Das „Haus Hirtenbrunnen" ist im Besitz von Sago Müller, der diese ewige Baustelle als gelernter Schreiner versucht, in Schuss zu halten. Berühmt ist Sago aber wegen seiner Kuchen. Vor unseren Augen entsteht ein Gutedel-Apfelkuchen, der die Rheinfrüchte Äpfel wie Gutedel – dem in Deutschland nur im Markgräflerland wachsenden Wein – kombiniert. Das Rezept ist dabei eine Überlieferung der Großmutter seiner Frau.

Wer den Kuchen anschließend auf der Terrasse mit herrlichem Ausblick genießen will, muss sich ein paar kleinen Einschränkungen unterwerfen. Sago ist kein bequemer Wirt. Nicht mal Pommes für Kinder gestattet er. Rauchen ist im Haus verboten, Handys auch. Aber für Gaumen-Fest und Augenschmaus kann man ja mal Verzicht üben …

Marmelade nach altem Rezept

Brombeeren, Heidelbeeren, Himbeeren – im Markgräflerland gedeihen die kleinen Früchte. Wer 30 Kilo sammelt, kann sie an die Fabrik Faller in

Schönau liefern. Diese bemerkenswerte Manufaktur verarbeitet sie als einzige in Deutschland noch im Kupferkessel zu Marmelade. Die Rezeptur ist wie vor hundert Jahren: Zucker, Pektin und ganz viel Frucht, mehr als 50 Prozent der Masse. Und es schmeckt auch noch so wie zu Großmutters Zeiten. Die Fallers produzieren am Tag nur sieben Tonnen Marmelade. Zum Vergleich: Andere Firmen schaffen einen Tagesumsatz von über 400 Tonnen. Daher ist das Familienunternehmen auch nicht im Großhandel vertreten, dafür in der gehobenen Gastronomie oder in Luxuskaufhäusern wie dem KaDeWe in Berlin.

1913 hat Alfred Faller den Betrieb gegründet. Der Dritte der Dynastie ist nun Thomas Faller, den wir beim Gang durch Obstplantagen begleiten. Die Sorten, die im Umfeld des Rheins wachsen, kontrolliert der Firmenchef regelmäßig. Er kennt seine Bauern und deren Arbeitsweise, legt Wert auf hohe Qualität und eine naturnahe Bewirtschaftung. So hat bereits sein Großvater gedacht und gehandelt.

Im Hintergrund: der Blauen

Unsere nächsten Bilder fangen wir wieder am Rheinufer ein. Die Kamera zoomt über das Wasser bis zum Blauen, dem über 1000 Meter hohen Hausberg des Markgräflerlandes. So grenzübergreifend wie dieser Blick, so grenzübergreifend gestaltet sich mittlerweile die Zusammenarbeit der Menschen diesseits und jenseits des Rheins. Man sucht nach Verbindendem, man tauscht sich aus. Ein Beispiel ist der Konditorengenießerkreis, ein Zusammenschluss von über 20 Zuckerbäckern aus Deutschland und den Anrainerstaaten. Auf diese Weise kam in das malerische Städtchen Staufen zum weit im Land bekannten Konditor Decker ein Rezept aus den Vogesen. Der Gugelhupf wird bei ihm somit nicht süß, sondern französisch pikant. Mit Speck, Zwiebeln und Petersilie. Ein idealer Begleiter zu Wein, mindert die Säure – und sättigt. Der Clou sind die Walnusshügel.

Die Burg Staufen

Doch unterhalb der Ruine der mittelalterlichen Burg Staufen entstehen noch weitere Genüsse: Markgräfler Kirschen, mit Stiel in Schnaps über Monate eingelegt. Der Konditor Hermann Decker und sein Schwiegersohn müssen über viel Geduld verfügen, um ein Sortiment von über 60 verschiedenen Pralinés und über 60 Kuchenvariationen herzustellen. Sie denken nicht über Zeit und Einsatz nach, sie sind eben Genießer.

Mexiko am Kaiserstuhl

Baden kann sich als Weinland mit anderen Regionen messen, es rangiert in der Kategorie B, in der beispielsweise die Champagne zu finden ist. Große Weine wachsen hier, aber nicht nur das. Endingen, das Tor zum Kaiserstuhl, birgt einen neuen Geheimtipp. Zu keinem Gourmetführer ist bislang durchgedrungen, dass im Städtchen nun ein Heimkehrer wirtschaftet, der beim Drei-Sterne-Koch Wohlfahrt das Beste gelernt hat: Thomas Merkle. Mit Ottmar Binder hat er zugleich einen außergewöhnlichen Bauern im benachbarten Forchheim gefunden.

Wir treffen die beiden im Gewächshaus, als sie eine Tomatillo begutachten. Der Anbau dieser mexikanischen Tomate wird wie der anderer „Exoten" durch das milde Klima begünstigt. Die Binders haben Anfang der neunziger Jahre von der Vieh- auf die Landwirtschaft umgestellt, experimentieren mit Saatgut aus der ganzen Welt und können in ihrem Hofladen so manch außergewöhnlichen Wunsch erfüllen.

Das Angebot ist natürlich auch etwas für Thomas Merkle, der den Betrieb von seinem Vater übernommen hat. Allerdings stammt seine Kunst aus der Spitzengastronomie. Seine Ansprüche sind Qualität und formvollendete Ästhetik. Was das bedeutet, demonstriert er für uns bei der Zusammenstellung eines aufwändigen Desserts: ein Gratin von der Walderdbeere, ein Cappuccino von Erdbeeren, Rhabarber und Holunder, ein Zipfel von der Tonkabohne mit Florentinerhut, ein Sorbet von Rhabarber mit kandierter Pfefferminze sowie eine Terrine von Erdbeeren im Pfeffer-minzmantel. Für ein solches Kunstwerk benötigen Merkle und sein Souchef insgesamt 24 Stunden, um alles auf den Punkt hin vorzubereiten. Kein Wunder, dass der normale Arbeitstag nicht unter 16 Stunden endet. Glücklicherweise ist Freundin Simone Dinger im Service des Betriebes tätig und teilt partnerschaftlich den Spaß an der Kreativität dieses Gastronomiejobs.

„Pantaleon, du Gottesmann …" – ein paar Kilometer weiter empfangen uns fromme Gesänge. Wir sind mitten unter den Pilgern in Richtung Niederrotweil. Ihr Ziel ist die Kapelle Sankt Pantaleon, die sie zu Fuß oder hoch zu Ross erreichen. Immer am 27. Juli, dem Gedenktag des Heiligen, kommen sie aus dem gesamten Kaiserstuhl-Gebiet hierher. Eine Besonderheit ist, dass die Pferde gesegnet werden und Ross wie Reiter geweihtes Brot erhalten. Tausende pilgern zu diesem Fest, eine Tradition, die seit 1735 besteht. Auch über den Rhein, aus dem nahen Elsass, wandern seit Anbeginn Gläubige, die von ihrem Heiligen Gesundheit für sich wie die Tiere erhoffen. Pantaleon war Arzt. Er wurde in Ismit, auf dem Gebiet der heutigen Türkei, hingerichtet. Damals hatte er sich standhaft geweigert, dem Glauben an Christus abzuschwören.

Der Wunsch der Gläubigen nach einer solchen Wallfahrt entstand nach den verheerenden Zerstörungen des Dreißigjährigen Kriegs. Die jetzige Kirche St. Pantaleon wurde an dem Ort errichtet, an welchem vor diesem Krieg eine kleine Kapelle gestanden haben soll. Erst in den letzten Jahren ist die Tradition wieder erwacht, mit Kutschen und Pferden zur Wallfahrt zu kommen. Jedes Jahr werden es mehr. Manche kommen von weit her, bis vom Bodensee herauf.

Und wer Wein der Lage „Rosenkranz" in Bischoffingen trinkt, weiß sich der Pilgerschar verbunden. Denn diese Lage hat ihren Namen tatsächlich dadurch erhalten, dass die Wallfahrer, die über diesen Berg kamen und die Kapelle Sankt Pantaleon zum ersten Mal erblickten, einen Rosenkranz beteten.

Dieser Beitrag beruht auf der Grundlage des Films von Michaela Funk.

Saftiger Gutedel-Apfelkuchen

Zutaten

Mürbteig:
250 g Mehl
125 g Butter
65 g Zucker
1 Ei

Belag:
2 Pckg. Vanille-Puddingpulver (zum Kochen)
1 l Milch
1 kg Äpfel
$^1/_2$ l Gutedel (oder $^1/_4$ l Gutedel und $^1/_4$ l Apfelmost)
$^1/_2$ Becher Schlagrahm
2 Pckg. Vanillezucker
100 g Mandeln
1 EL Butter
1 EL Zucker

Zubereitung

Mürbteig: Aus den Zutaten einen Mürbteig zubereiten und in einer gebutterten Kuchenform auslegen. Einen hohen Rand formen.

Belag: Den Vanillepudding (nach Angabe auf der Packung) kochen. Die Äpfel schälen, entkernen und in kleine Stücke schneiden. In Gutedel einlegen und 30 Minuten ziehen lassen. Dann die Apfelstücke mit der Flüssigkeit unter den Pudding heben und auf dem Mürbteig verteilen. Bei 175 Grad ca. 50 Minuten backen.

Den Kuchen in der Form gut auskühlen lassen. Den Schlagrahm mit Vanillezucker steif schlagen und auf dem Kuchen verteilen. Die Mandeln in Butter mit Zucker bräunen und auf dem Kuchen verteilen.

Rezept von Sago Müller, Café-Pension Hirtenbrunnen, Fröhnd

REZEPT

Speckgugelhupf

Zutaten

3 Zwiebeln
1 Scheibe Speck, gewürfelt
500 g Weizenmehl
1 TL Salz
300 ml Milch
1 Ei
150 g Margarine oder Butter
1 Hefewürfel
3 EL Walnussbruch
1/2 Bund Petersilie
Walnusshälften zum Auslegen der Gugelhupfform

Zubereitung

Die Zwiebeln schälen und fein hacken. Zusammen mit den Speckwürfeln andünsten. Aus Mehl, Salz, Milch, Ei, Fett und Hefewürfel einen Hefeteig zubereiten. 1 Stunde gehen lassen.

In der Zwischenzeit den Walnussbruch im Mixer zerkleinern. Die Petersilie waschen und fein hacken. Nach Ablauf der Ruhezeit Walnussbruch, Zwiebeln, Speckwürfel und Petersilie unter den Hefeteig heben. Die gefettete Gugelhupfform mit den Walsnusshälften auslegen. Den Teig in die Form geben und im Umluftherd bei 195 Grad 30–35 Minuten backen.

Rezept von Hermann Decker, Confiserie Café Decker, Staufen im Breisgau

REZEPT

Variation von Erdbeeren und Rhabarber mit Tonkabohnenzipfel

Zutaten (4 Personen)

Tonkabohnenzipfel:
Backpapier
80 g Zartbitter-Kuvertüre
200 ml Sahne
2 Tonkabohnen (im Feinkosthandel erhältlich)
3 Eigelb
70 g Zucker

Rhabarbersorbet:
250 g geschälter Rhabarber
90 g Zucker
25 ml Wasser
25 ml Erdbeermark

Zubereitung

Tonkabohnenzipfel: Aus dem Backpapier 5 gleichschenklige Dreiecke mit 30 cm Kantenlänge schneiden und aus diesen Dreiecken Tüten drehen. Eine der Tüten mit geschmolzener Kuvertüre füllen und damit die anderen 4 Tüten gleichmäßig ausspritzen. Die ausgespritzten Tüten auf eine leere Flasche oder in ein leeres Glas stecken.

Sahne mit abgeriebenen Tonkabohnen über Nacht im Kühlschrank ziehen lassen. Danach die Sahne durch ein Sieb passieren und steif schlagen. In der Zwischenzeit Eigelb und Zucker über dem Wasserbad zu einer cremigen Masse schlagen, danach kaltrühren, mit der geschlagenen Tonkabohnensahne mischen und in die vorbereiteten Tütchen füllen. Die Tütchen ca. 2–3 Stunden frieren.

Rhabarbersorbet: Den Rhabarber in kleine Stückchen schneiden, mit dem Zucker vermischen und ca. 30 Minuten ziehen lassen. Rhabarber im Wasser zum Kochen bringen und 5 Minuten zugedeckt kochen lassen. Anschließend im Mixer pürieren und durch ein feines Sieb streichen. Abkühlen lassen, mit dem Erdbeermark mischen und in der Eismaschine frieren.

Rezept von Thomas Merkle, Winzerstube Rebstock, Endingen

REZEPT

Adressen

Tourismus Südlicher Schwarzwald e. V.
Stadtstraße 2
79104 Freiburg
Tel.: 0761-2187304
Fax: 0761-2187534
tss@breisgau-hochschwarzwald.de

Hof Ettenbühl
79415 Bad Bellingen
Tel.: 07635-822 357
Fax: 07635-822 359
Landhaus.Ettenbuehl@t-online.de

Speiserestaurant Inzlinger Wasserschloss
Inhaber Sybille u. Sepp Beha
Riehenstraße 5
79594 Inzlingen
Restaurant Tel.: 07621-47057
Restaurant Fax.: 07621-13555
Gästehaus Tel.: 07621-2064
inzlinger-wasserschloss@t-online.de

Café-Pension Hirtenbrunnen
Familie Sago Müller
Hof 4
79677 Fröhnd
Tel.: 07673-425
Fax: 07673-7713
info@hirtenbrunnen.de
www.hirtenbrunnen.de

Confiserie Café Decker
Hermann Decker
Hauptstraße 70
79219 Staufen im Breisgau
Tel.: 07633-5316
Fax: 07633-500378
www.cafe-decker.de
info@breisgaucity.com

Winzerstube Rebstock
Thomas Merkle
Hauptstraße 2
79346 Endingen
Tel.: 07642-7900

Touristik-Information Vogtsburg im Kaiserstuhl
Bahnhofsstraße 20 (hinter dem Rathaus)
79235 Vogtsburg-Oberrotweil
Tel.: 07662-94011
Fax: 07662-81246
info@vogtsburg.de
www.vogtsburg.de

Ausflüge ins Unterelsass

Mit einem Streifzug durch den Auwald Taubergießen bei Rhinau beginnen wir unsere heutige Etappe. Auf dem Weg in das Landesinnere wechselt die wuchernde Natur schon bald mit der vom Mensch gestalteten Landschaft. Sobald riesige Dahlienfelder auftauchen, ist man nicht mehr weit von Sélestat entfernt. Die Dahlie ist das Symbol dieser mittelelsässischen Stadt. Doch jetzt – im Sommer – sehen wir, wie die roten und weißen Blumen „geerntet“ werden. Dutzende von Freiwilligen sind auf den Feldern. An einem einzigen Vormittag pflücken sie 300 000 Dahlien – eine stolze Leistung!

Diese Leistung ist notwendig, um die Wagen für den Blumenkorso zu bekleben, der seit 1929 jedes Jahr am zweiten Augustwochenende stattfindet. Zwölf Vereine mit rund 300 Mitgliedern sorgen dafür, dass die Pracht der Dahlien an und auf den Umzugswagen prangt. In diesem Jahr lautet das Motto „World Music“ und so erklingt von den bunten Blumenwagen ein ebenso buntes Gemisch von Jazz bis südamerikanische Folklore. Zwei Tage lang dauert das Fest vom Dahlienpflücken bis zur Parade.

Schmackhafte Blumen und „hölzerne“ Kunst

Von den Dahlienfeldern zu einer naturbelassenen Blumenwiese: Wir sind rund zehn Kilometer Luftlinie von Sélestat entfernt. Nahe der imposanten Hohkönigsburg, deren Silhouette das grüne Val de Villé beherrscht, treffen wir Gérard Verret. Er pflückt Blumen. Eigentlich nichts Besonderes, aber statt als Dekoration auf dem Tisch, landen die Blumen später auf den Tellern seiner Gäste. Für Gérard Verret sind die Blumen nämlich Nahrungsmittel, die er sorgfältig auf nicht gespritzten Feldern auswählt.

Der Pensionär, der sich aufs Land zurückgezogen hat, nennt sich selbst einen „atypischen und innovativen Bauern“. Sein Konzept macht sich bezahlt, seit er in seiner Wirtsstube Gerichte serviert, deren Hauptzutat Blumen sind. Zum Apéritif gibt es Mohnblumen-Sekt und gebratene Knospen. Und welcher Nachtisch wäre dem Landleben angemessener als in Kristallzucker geschwenkte Blüten? Für uns stellt er einen kleinen Feinschmecker-Teller zusammen – ausgefallene Delikatessen wie kristallisierte Lilienblüten, kandierte Osterglocken und wilde Tulpen. Dazu kommen Engelwurzstengel und zum Schluss eine Prise Kornblumen.

Gérard Verret

Blumen als Delikatesse

Nach einem kleinen Umweg über die majestätische Ruine der Ortenburg, deren Silhouette seit dem 13. Jahrhundert über das Tal wacht, stoßen wir wieder auf die Weinstraße und biegen nach Dambach-La-Ville ab. Diese Gemeinde ist stolze Eigentümerin der größten Rebfläche des Elsass: 500 Hektar Südhänge. Da ist es kaum verwunderlich, dass sich in Dambach alles um Reben und Wein dreht. Die Dambacher Blaskapelle ist bei allen Festen mit dabei. Heute marschieren die Musiker am Frankstein auf, einer der zahlreichen elsässischen Grand-Cru-Lagen. Zusammen mit einem sachkundigen Publikum lauschen wir ihrer neuesten Komposition: dem „Marsch der fröhlichen Winzer“.

Mit den Klängen im Ohr machen wir uns zu einem etwas stilleren Ort auf, der alten Abtei von Saint Léonard. Unser Gastgeber ist Jean-Charles Spindler, der hier lebt und

Bild aus Holz

arbeitet. Er hat die Kunsttischlerei übernommen, die sein berühmter Großvater Charles Spindler vor rund einem Jahrhundert begründet hat. Der kam damals über den Jugendstil zur Intarsienkunst. In Saint Léonard hatte er sogar seine eigene Schule, die zwischen dem französischen Art Nouveau und dem deutschen Jugendstil angesiedelt war.

Auch der Enkel stellt Bilder aus verschiedenfarbig getöntem Holz her. Wie bei einem Puzzlespiel setzt er feine Blättchen zu einem Motiv zusammen. „Die Farbenpalette des Marketeurs ist begrenzt. Uns stehen nicht alle Farben des Regenbogens zur Verfügung wie den Malern", erklärt uns Jean-Charles Spindler. Er vertritt die dritte Generation der Spindler-Dynastie. Seine eigenen Kreationen sind zeitgenössisch inspiriert. Aber er reproduziert gern auch die festlichen und alltäglichen Szenen aus dem Elsass, mit denen sein Großvater so viel Erfolg hatte. Eines der bekanntesten Bilder zeigt Hans im Schnockeloch, die volkstümliche Karikatur des ewig unzufriedenen Elsässers.

Stadt, Land, Fluss

Zurück am Rhein fangen wir noch einige Bilder nahe Plobsheim ein. Hier bietet der Fluss den nötigen Platz für einen Segeltörn – ein wenig „Meer-Feeling", bevor wir wieder in den Trubel eines Festes eintauchen. Das finden wir im 15 Kilometer vor Straßburg gelegenen Geispolsheim. Seit Beginn des 20. Jahrhunderts wird hier Fronleichnam mit besonderem Aufwand gefeiert. Alljährlich am zweiten Sonntag nach Pfingsten sind die Gemeindemitglieder bereits am frühen Morgen auf den Beinen. Sie stellen vier Holzaltäre auf, bestreuen die Straßen mit Schilf und schmücken die Häuser mit Blumen. Innerhalb weniger Stunden verwandeln sie das pittoreske Dorf in eine farbenprächtige Wallfahrtsstätte.

Wie zu alten Zeiten tragen die Mädchen die berühmte rote Geispolsheimer Haube. Zu Beginn des 20. Jahrhunderts, als der Untergang der ländlichen Traditionen zu befürchten stand, bezahlte das Musée Alsacien die Frauen, die die Trachten in Stand hielten und bereit waren, sie an

Fronleichnam anzuziehen. Und so leuchten auch heute noch die roten Hauben, wenn die jungen Frauen nach dem Gottesdienst mit der Statue der heiligen Margarete, der Schutzpatronin der Gemeinde, durch das Dorf ziehen. Gemessenen Schrittes folgen die Gemeindemitglieder dem Baldachin des Priesters. Vor jedem der vier Altäre hält die Prozession inne – Zeit für eine Segnung und ein Gebet.

In Straßburg sind diese alten Bräuche nicht mehr üblich. Die für ihre Lebensart berühmte elsässische Hauptstadt steht als Sitz des Europa-Parlaments ganz im Zeichen der Völkergemeinschaft und pflegt ihre eigenen Traditionen: allen voran die hohe Kunst der Gastronomie. Unweit des Parlaments befindet sich inmitten der gepflegten Grünflächen des Parc de l'Orangerie ein Gourmet-Tempel – das Buerehiesel, untergebracht in einem reizvollen Fachwerkhaus aus dem 17. Jahrhundert. Es ist eines der renommiertesten Restaurants der Region. Der Chef Antoine Westermann ist ein Virtuose der französischen Gastronomie. Als Nachspeise des Tages steht heute ein Mille-feuille auf der Karte, eine Blätterteig-Crèmeschnitte mit roten Beerenfrüchten. Mit geschickter Hand türmt Westermann Schicht für Schicht aufeinander. „Ein Mille-feuille muss man essen, sobald es fertig ist", sagt der Meister. „Wenn man zu lange wartet, wird es matschig. Die besten Mille-feuilles sind die, die man frisch zubereitet und sofort isst." Da lassen wir uns doch nicht lange bitten …

Rote Hauben nach altem Brauch

Auf die Form kommt es an

Zwischen dem Haguenauer Wald und dem Rhein gelegen ist Soufflenheim, eines der beiden letzten Töpferdörfer des Elsass. Rund 20 Werkstätten führen die Jahrhunderte alte Tradition fort. Die Soufflenheimer Töpferwaren sind aus glasiertem Ton und meistens mit Blumen- und Tiermotiven geschmückt. Fester Bestandteil des Angebotes ist die berühmte

Kugelhopf-Formen im „Rohbau"

Kugelhopf-Form. Nicht wenige behaupten, dass nur in einer solchen Tonform gebackene Kuchen am besten schmecken.

Und so wie es ein Rezept für den Kugelhopf gibt, so gibt es auch eines für die Herstellung der Kuchenform. Der Töpfer Michel Streissel zeigt uns sein „Rezept", das auf einer handgemachten Gipsform basiert. Die sieht schon wie ein fertiger Kugelhopf aus. Aber erst jetzt wird der Ton über diese Form gestülpt. Anschließend zieht der Töpfer die Rillen mit dem Daumen nach. Und da Michel Streissel viel Wert auf alte Techniken legt, hat er zudem einen Holzofen gebaut, in dem er drei Mal pro Jahr seine Tonwaren brennt. Der Brand dauert zwei Tage und Michel Streissel feiert ihn mit Freunden und Besuchern in seiner Werkstatt wie ein Fest.

Noch ein weiteres Fest in kleinerem Rahmen entdecken wir in dieser Gegend. Ein alter Pfarrgarten am Rand des Haguenauer Waldes ist ein Wochenende lang für Besucher geöffnet. Der Bewohner des dazugehörigen Hauses hat Künstler gebeten, sich etwas zum Thema „Verbotene Früchte" einfallen zu lassen. „Die Zeit der Gärten" heißt diese Veranstaltung, an der sich im Elsass alljährlich 120 Privatgärten und öffentliche Parks von Mai bis Oktober beteiligen.

Die Streisselhochzeit

Nicht weit von Wissembourg liegt das Dorf Seebach. Seit 22 Jahren herrscht hier alljährlich ab Mitte Juli hektische Geschäftigkeit. Das ganze Dorf bereitet sich auf die „Streisselhochzeit" vor, die traditionelle elsässische Bauernhochzeit. Natürlich ist diese Feier, die an die Bauernhochzeiten der 1930er Jahre erinnert, keine richtige Hochzeit. Vielmehr lässt ein ganzes Dorf bei diesem Trachtenfest die Vergangenheit publikumswirksam wieder aufleben. 20 000 Besucher kommen so jedes Jahr nach Seebach, um bei der Streisselhochzeit mitzufeiern. Sie dauert das ganze Wochenende. In den Bauernhöfen, deren Tore weit offen stehen, entdeckt man die schönen Seiten des Landlebens.

Etwa tausend Freiwillige sorgen dafür, dass alles reibungslos klappt. Bei unserem kleinen Rundgang kommen wir bei Marguerite Hauck vorbei, die für die Schneeballcrème zuständig ist, den traditionellen Hochzeitsnachtisch. Im Nachbarhaus werden unterdessen die Brautjungfern zurechtgemacht. Und wo ist die Braut? Sie heißt diesmal Dorothée und befindet sich bei Christine, die gerade an die komplizierte Frisur der jungen Frau letzte Hand anlegt. Und dann ist es soweit. Der Vater geleitet die Braut zur Kirche. Sämtliche Generationen schließen sich dem Hochzeitszug an. Die Brautleute betreten die Kirche, der Bräutigam am Arm der Braut. Jetzt müssen sie sich nur noch vor dem Bürgermeister das Ja-Wort geben. Später fahren die Brautleute mit der Kutsche zu ihrem Haus, gefolgt von den Möbeln, die die Frau als Aussteuer mitbringt – ein bunter Festumzug.

Elsässische Tradition: die „Streisselhochzeit"

Am Abend unseres letzten Drehtages im Elsass setzen wir von Seltz aus über den Rhein. Die Überfahrt mit der Fähre, die wie zu alten Zeiten ohne Motor funktioniert und lautlos über das Wasser schippert, ist ein Muss für Liebhaber des Stroms. Noch schöner ist die Überfahrt, wenn Musiker an Bord sind. An diesem Abend haben Perry, Hugo und Frank von der Band Di Mauro Swing ihre Instrumente dabei, denn sie sind bei deutschen Freunden am gegenüberliegenden Rheinufer eingeladen. Während die Fähre von der Strömung leicht abgetrieben wird, greifen die Musiker in die Saiten. Swingender Jazz über sanften Wellen – die etwas andere Art der Rheinromantik.

Dieser Beitrag beruht auf der Grundlage des Films von Corinne Ibram und Jean Will.

Kristallisierte Rosenblätter

„Le véritable savoir est une saveur,
la trace d'un parfum."
H. Gougaud

Zutaten

1 Eigelb
3 EL Wasser
4 Rosenblätter
Zucker

Zubereitung

Eigelb und Wasser miteinander verquirlen. Mit einem Pinsel die Eiermasse auf beide Seiten der Rosenblätter auftragen. Vorsichtig mit Zucker berieseln, leicht schütteln, damit überschüssiger Zucker abfällt. Rosenblätter auf ein Backblech setzen und im Ofen bei nicht mehr als 60 Grad etwa 1–1 $^1/_2$ Stunden trocknen lassen.

Kristallisierte Blüten geben Kuchen, Eis, Puddings, Crèmes oder Kompott eine raffinierte Note. Blütenblätter im letzten Moment auf das Dessert setzen, damit die Flüssigkeit den Zucker nicht frühzeitig auflöst. Kristallisierte Blüten sind Naturprodukte ohne Farb- oder Konservierungsstoffe und halten sich fast unbegrenzt. Möglichst lichtdicht aufbewahren, denn Licht schadet den Farben.

Neben Rosen können Sie auch viele andere Blüten kristallisieren, achten Sie jedoch unbedingt darauf, dass die Blumen essbar sind! Für vornehmlich Dekozwecke eignen sich Rosen, Ringelblumen, Kapuzinerkresse, Margeriten, Veilchen, Primeln und Immergrün. Geht es Ihnen hauptsächlich um eine geschmackliche Extranote, wählen Sie Holunder, Feldthymian, Fenchel, Majoran oder krause Minze.

Rezept von Gérard Verret, Jardin Gourmand, Lalaye

REZEPT

Mille-feuille mit Vanillecrème und Sauce aus roten Früchten

REZEPT

Zutaten

Blätterteig:
250 g Mehl
5 g Salz
300 g Butter
125 ml Wasser
1 TL Essig

Vanillecrème:
1 l Milch
200 g Zucker
3 Eigelb
2 Vanilleschoten
40 g Puddingpulver
1 Becher geschlagene Crème fraîche

Sauce:
$^1/_2$ l Rotwein
1 Gewürznelke
1 Sternanis
5 g Pfefferkörner
$^1/_4$ Zimtstange
$^1/_4$ l Portwein
50 g Rohzucker
200 g entsteinte Kirschen
75 g Himbeeren
100 g Johannisbeeren
200 g Erdbeeren
25 ml Kirschschnaps

Zubereitung

Blätterteig: Mehl und Salz auf der Arbeitsfläche gut vermischen. Dann $^1/_3$ der Butter in Flocken schneiden und mit dem Mehl vermischen. Masse mit dem Nudelholz so fein verrollen, bis die Butter nicht mehr erkennbar ist. Aus dem Mehl einen Ring formen. In die gebildete Vertiefung das Wasser mit dem Essig gießen und mit einem Löffel gut vermischen. Den Teig nur kneten bis er zusammenhält, nicht „überstrapazieren". 2 mm dick ausrollen und so zusammenlegen, dass 9 Lagen entstehen. Dazu ist der Teig möglichst rechtwinklig auszurollen und in beiden Richtungen von beiden Seiten her jeweils zu einem Drittel übereinander einzuschlagen. Diesen Vorgang wiederholen. Danach den Teig für 15–30 Minuten an einen kühlen Ort stellen.

Den Teig in Serviettengröße ausrollen und ganz leicht mit Mehl bestreuen. Den Rest der Butter in Scheiben schneiden und nebeneinander auf $^2/_3$ der Teigfläche legen. Dabei sollte ringsherum ein 2 Finger breiter Rand frei bleiben. Den Teig nun dreifach zusammenlegen in der Art, dass der leer gelassene Teil des Teigs zuerst umgeschlagen wird, wodurch dieses Teigstück zwischen 2 Butterlagen kommt. Die freien Ränder gut andrücken, sodass keine Butter austreten kann. Das entstandene längliche Teigstück sorgfältig und nur mit leichtem Druck so weit wie möglich ausrollen. Den entstandenen Riemen erneut dreifach zusammenlegen und in entgegengesetzter Richtung ausrollen. Diesen Riemen nochmals dreifach zusammenlegen und für 15–30 Minuten ruhen lassen. Anschließend noch zweimal auf etwa 2 mm zu einem Viereck ausrollen, neunfach zusammenfalten und wieder ausrollen. Vor jedem Ausrollen nur wenig Mehl streuen.

Beim letzten Durchgang den Teig auf die Größe eines Backblechs ausrollen, auf ein Backblech legen und im vorgeheizten Ofen bei 200 Grad etwa 40 Minuten backen. Anschließend in Rechtecke (ca. 8 x 4 cm) schneiden.

Vanillecrème: 750 ml Milch mit 200 g Zucker aufkochen. In der restlichen Milch die Eigelb, das Mark der Vanilleschoten und das Puddingpulver glatt rühren. Die Eiermilch langsam unter ständigem Rühren in die köchelnde Zuckermilch gießen. 5 Minuten köcheln lassen. Anschließend mit dem Handrührgerät auf niedrigster Stufe kalt rühren. Zum Schluss die geschlagene Crème fraîche unterrühren.

Sauce: Rotwein mit Gewürznelke, Sternanis, Pfefferkörnern und Zimtstange zum Kochen bringen, etwas reduzieren lassen. Den Portwein und den Rohzucker zugeben und 10 Minuten köcheln lassen. Die Gewürze aus der Weinmischung entfernen. Die Kirschen zugeben und nochmals aufkochen lassen. Die Hitze reduzieren und die restlichen Früchte sowie den Kirschschnaps zugeben. Abkühlen lassen und abschmecken. Zum Schluss die Masse in den Mixer geben und durch ein feines Sieb streichen.

Anrichten: Die Blätterteigtörtchen auf jeweils einen Dessertteller setzen, mit etwas Puderzucker bestäuben. Die Fruchtsauce dekorativ auf den Teller tröpfeln.

Rezept von Antoine Westermann, Restaurant Buerehiesel, Straßburg

REZEPT

Adressen

Jardin Gourmand, Gérard Verret
3 bis rue de Bassemberg
F-67220 Lalaye
Tel.: 0033-88-589144

Marqueterie d'Art Spindler
3 rue Saint Leonard
F-67350 Boersch
Tel.: 0033-88-958017

Restaurant Buerehiesel
Antoine Westermann
4 parc de l'Orangerie
F-67000 Strasbourg
Tel.: 0033-88-455665

Poterie Streissel Michel
25 route de Haguenau
F-67620 Soufflenheim
Tel.: 0033-88-866469

Office du tourisme du Ried
35 route du Rhin
F-67860 Rhinau
Tel.: 0033-88-746896

Von der Ortenau in die Kurpfalz

„Goldenes Land", „Paradiesgärtlein", „schönstes Exil der Welt" – mit solchen Superlativen feierten Literaten die Ortenau auf der Durchreise. Nicht zu Unrecht, denn diese sonnenverwöhnte Landschaft hat selbst im Dämmerlicht ihre Reize. Unsere in den Abendstunden eingefangenen Bilder lassen von der Rheinebene aus die Konturen des Schwarzwalds erkennen. Es ist eine Landschaft der sanften Übergänge – dort die Rheinromantik, hier die Schwarzwaldmystik. Dieser Mystik begegnen wir am mächtigen Dasenstein bei Kappelrodeck. Es heißt, dass hier einst eine Hexe hauste, ein armes verstoßenes Burgfräulein, das unter dem Fels eine Zuflucht fand.

Otto Brommer, den Chef des nahen „Hexenhauses", scheint diese „sagenhafte" Umgebung inspiriert zu haben. In der Walpurgisnacht veranschaulicht er seinen Gästen, was heutzutage „Erlebnisgastronomie" heißt. Trockennebel wabert durch die Räume, eingetaucht in bonbonfarbenes Licht. Dazwischen furchterregende Gestalten – und kulinarische Verlockungen. Beim „Hexenfest für alle Sinne" dürfen wir Perlhuhnbrust mit Olivenkruste und die Dessertvariation von Mousse und Glace mit Früchten der Saison kosten, während um uns die Kappelrodeck-Horror-Show der „Schnäpslhexen" und Co. tobt. Den Höhepunkt des Spektakels gestaltet der Chef persönlich, wenn er als „Fürst der Walpurgisnacht" verkleidet die Szenerie betritt.

Kürbis-Orange bis Zwetschgen-Blau

Am nächsten Morgen genießen wir die Fahrt durch die abwechslungsreiche Kulturlandschaft in Richtung Oberkirch. Wein- und Obstanbau haben diese Gegend bekannt gemacht. In einem nahe gelegenen Tal findet am ersten Oktoberwochenende das Butschbacher Straßenfest statt.

„Regenmacher“ werden die Organisatoren genannt, denn während des dreitägigen Fests öffnete der Himmel in den vergangenen Jahren fast immer seine Schleusen. Wer hier zudem großes Tamm-Tamm erwartet, ist fehl am Platz. Rund um die zwei Höfe des Ortes geht es gemütlich zu. Leckereien und gute Tropfen laden zum Verweilen ein und man kommt beim Glas Wein schnell ins Gespräch.

Außerdem haben die Butschbacher für den Regen vorgesorgt. Wie wäre es also mit einer wärmenden Suppe? Wir schauen bei Hermann Huber vorbei, der in seiner Küche gerade einen Hokkaido-Kürbis zerkleinert. Zusammen mit seiner Frau bereitet Huber kurz vor der Festeröffnung 60 Liter badische Kürbissuppe zu. Bei dem von ihm bevorzugten knallorangenen Hokkaido besticht der dezente Maronengeschmack. Vom Kürbismix raten die Kenner ab. Nur die Wahl einer Sorte garantiert die individuelle Farb- und Geschmacksnote. Obwohl der Regen ausbleibt, kosten wir die leckere Kürbissuppe. Ein gutes Omen für das nächste Fest?

Dekoration beim Butschbacher Straßenfest

„Wer viel anbaut, kann auch viel ernten“, scheint man sich in Bühl zu sagen. Auch diese, nahe bei Baden-Baden gelegene Stadt lebt vom Obstanbau. Wir sind während der Zwetschgenernte zu Gast. Seit 1840 kennt man die „Bühler Zwetschge“ und feiert am zweiten Septemberwochenende eines jeden Jahres das entsprechende Fest. Dann schwelgt der ganze Ort in tiefem Pflaumenblau, das nicht zuletzt beim Festumzug der wackeren Pflücker die dominierende Farbe ist.

Die Bühler huldigen natürlich auch ihrer Zwetschgenkönigin, die wir zu einigen repräsentativen Anlässen begleiten. Katrin I. amtiert für zwei Jahre und weiß selbstverständlich alles über Herkunft, Anbau und Verarbeitung der Pflaume im Allgemeinen und der Bühler Frühzwetschge im Besonderen. Mit ihr haben wir uns in einem Hotel verabredet, das bei all dem identitätsstiftenden Blau ausgerechnet „Grüne Bettlad“ heißt. Doch auf der Speisekarte steht nun einmal das passende Festtagsmenü: die „Bühler Zwetschgentasche mit Pilzrahmsößle“. Das bereitet für uns Peter Günthner, Koch und Inhaber. Er übernahm 1979 das Hotel-Restaurant von seinen Eltern. Mit viel Geduld etablierte er seine eigene Küche und seinen persönlichen Stil in dem 400 Jahre alten Haus. Seine badischen Spezialitäten gelten als gehoben, aber nicht abgehoben, wovon sich die Zwetschgenkönigin und wir uns gerne überzeugen.

Bühler Festumzug zu Ehren der Zwetschge

Die Suche nach dem Rheingold

Auf dem Altrhein bei Rastatt tauchen wir in eine kleine, stille Welt ein: Fischerboote statt Containerschiffe. Für ein wenig Unruhe sorgen hier lediglich Manfred Common und Horst Meder. Als ambitionierte Schatzsucher zwacken sie am so genannten Goldkanal dem Rhein immer wieder ein paar Gramm des begehrten Edelmetalls ab. Seit mehr als 20 Jahren feiern die beiden ihre kleinen Privatparties an den Stränden der Kanäle. Gerade schaufelt Manfred Common eine Ladung schwarzen Rheinsand in das Spezialsieb. Nach Stunden konzentrierten Siebens und Schleusens schimmert die Belohnung im Schwenkteller: etwa drei Gramm reiner Goldstaub, eine solide Tagesausbeute. Die Ausrüstung für dieses Abenteuer kann man natürlich kaufen, die Erfahrung muss man sammeln. Ein Tipp von den beiden Profis: In der Nähe von Kieswerken findet sich besonders viel von dem dunklen Sand, der eine reiche Goldausbeute verspricht.

Dann ist es mit der Ruhe vorbei: 11. 11. – in vielen Regionen der Fastnachtsauftakt, auch hier in der Nähe von Rastatt. Besonders scharf – im wahrsten Sinne des Wortes – geht es an diesem Tag in Niederbühl zu. Früher wurde im Dorf reichlich Meerrettich angebaut, weshalb es bei den „Niederbühler Feuerteufeln“ einen speziellen Brauch gibt, um Neuzugänge des Fastnachtsvereins auf die Probe zu stellen. Nach dem Einzug der

Feuerteufel mit ihren roten Masken und dem „großen Rettich“ als Anführer kann das Ritual beginnen. Die Zutaten für die Taufe bestehen aus einem Löffel mit scharfem Meerrettich und einem Schluck Feuerwasser zum Runterspülen. Dann heißt es: Mund auf und durch. Erst dann erhalten die so „Geweihten“ die begehrte rote Maske.

Von den „Feuerteufeln“ sind es nur ein paar Kilometer rheinabwärts zur Feuerwehr von Neuburgweier: Dieser haben wir uns angeschlossen, um Einblicke in ihre Arbeit zu gewinnen. Da wird der Ernstfall auf dem Rhein geprobt. An Bord des 125-PS-Bootes steuern uns die Feuerwehrleute zum fiktiven Einsatzort. Wir können die Spritztour von der leichteren Seite nehmen und genießen die Fahrt mit 40 Knoten Geschwindigkeit. Die aufspritzende Gischt vermittelt ein wirklich authentisches Rheinerlebnis.

Die kulinarische Fortsetzung der Flussexpedition folgt anschließend im „Zollhaus“, einem noch jungen Restaurant. Das signalgelbe Gebäude war früher tatsächlich ein Zollhaus, das aber seit Öffnung der deutsch-französischen Grenze seinen Zweck verloren hat. Heute steht der alljährliche Kameradschaftsabend der Feuerwehr auf dem Programm. Der Blick in die Küche verrät: Es gibt Zander, die Spezialität des Hauses. Der Rheinfisch findet sich in zahlreichen Variationen mit Mandelrahm, Hummersoße oder Champignons auf der Speisekarte. Das Gericht passt hervorragend zum Schauplatz: echter Rheinfisch auf der Gabel, während der Strom vor dem Fenster vorbeizieht. Die Teller sind im Zollhaus immer gut gefüllt, für formschwache Esser gibt es die meisten Gerichte aber auch als kleine Portion.

Das Restaurant „Zollhaus“

Strategie-Spiele und Umbau-Pläne

Einige Kilometer weiter stromabwärts liegt Karlsruhe. Mit ihren knapp 300 Jahren ist die ehemalige Hauptstadt von Baden eine noch junge

Regionalmetropole. Seit wenigen Jahren erst feiern die Karlsruher – alle zwei Jahre – Mitte Juni ihren Stadtgeburtstag. Ein ganzes Wochenende lang wird auf den Plätzen Musik gemacht, getanzt, gegessen und getrunken. Wir besuchen allerdings eines der kleineren „Events", die der Festkalender vorsieht. Mitte November, wenn es draußen früher dunkel wird, setzen sich in einem Jugendclub Hunderte von begeisterten „Gesellschaftsspielern" zusammen. Drei Tage lang wird bei diesen „Karlsruher Spieletagen" um Sieg oder Niederlage gerungen. Ausgerichtet werden sie vom Thoule-Spielclub, der mehr als 900 Ausgaben besitzt – vom einfachen Brett- bis zum aufwändigen Strategiespiel in einer Miniaturlandschaft. Mitmachen darf jeder. Vor unseren Augen verwandeln sich die Gäste in eifrige Siedler, entschlossene Eroberer oder rheinische Burgherren. Gierige Provinzfürsten versuchen, sich entlang des Stroms breit zu machen und dem Nachbarn eins auszuwischen.

Karlsruhe im Lichterglanz des Stadtfestes

Während in Karlsruhe noch gewürfelt, gemischt, gezogen und diskutiert wird, sind wir auf dem Weg nach Mannheim. Hier, am Zusammenfluss von Neckar und Rhein, liegt einer der größten Binnenhäfen Deutschlands. Mehr als acht Millionen Tonnen werden jährlich umgeschlagen. Die umtriebige Atmosphäre im Hafen spiegelt das Leben dieser kurfürstlichen Residenz- und grundsoliden Arbeiterstadt wider. Hier kreuzen sich die Wege von Menschen vieler Nationen und Milieus. Ein ganz spannungsfreies „Fest der Begegnung" ist das sicher nicht. Aber das bunte Neben- und Miteinander in Mannheim erzieht vielleicht ein bisschen zur Toleranz.

Am Rande der Stadt lässt sich diese Lebensvielfalt wie in einem Mikrokosmos beobachten. Das direkt am Rhein gelegene „Strandbad" war für Generationen der Ort der kleinen Fluchten, ein bisschen Süden vor der Haustür. Seit es mit der Wasserqualität wieder bergauf geht, belebt sich die Szenerie wieder. Das Strandbad zieht alle Kulturen an. Auch wenn sich manche Besucher an den vielen Freiluftküchen stören mögen, hier darf jeder nach seiner Fasson selig werden. Viele muslimische Mannheimer zelebrieren am Wochenende auf der Liegewiese ihr Familienfest. Da wird unter freiem Himmel gewürzt, geknetet, gegrillt.

Wer diese Freizeitoase nicht mit der Großfamilie besucht, der findet sein Plätzchen unten vor der Beach-Bar oder auf der Restaurant-Terrasse im ersten Stock. Die Dreharbeiten für unseren Film stehen leider im Zeichen des Abschieds, denn die Verträge für die bisherigen Pächter laufen aus. Die Stadt verhandelt mit Investoren, die das Traditionsbad renovieren wollen. Die meisten Besucher hoffen, dass es kein Schickimicki-Betrieb wird. Und so liegt beim letzten Fackelfest an einem Freitag im September ein wenig Melancholie in der Abendluft. Wie das Bad in Zukunft aussehen wird, weiß niemand. Vater Rhein, der schon viele Veränderungen gesehen hat, wird aber weiterhin mit seiner stillen zuverlässigen Kraft hier vorbeifließen und die Menschen zum Feiern und Träumen verführen.

Das „Strandbad" am Rand von Mannheim

Dieser Beitrag beruht auf der Grundlage des Films von Oliver Wittkowski.

Gefüllte Perlhuhnbrust unter der Olivenkruste mit Gambas und Tomaten in Vanille

Zutaten (4 Personen)

Tomaten in Vanille:
400 g Zucker
3 längs halbierte Vanilleschoten
3 Sternanis
1 TL Korianderkörner
1 TL schwarzer Pfeffer
3–4 EL Obstessig
1 unbehandelte Zitrone, in Scheiben geschnitten
12 gehäutete kleine Fleischtomaten

Gefüllte Perlhuhnbrust:
Saft von 1 Limette
2 EL Olivenöl
1 EL grob gehacktes Koriandergrün
1 Msp. Garam Masala
4 ausgelöste Perlhuhnbrüste
12 geschälte kleine Gambas
(Zahnstocher)
Salz, weißer Pfeffer aus der Mühle
Basilikum-Rosmarinöl
Senf
Oliven-Kräuterbrot

Zubereitung

Tomaten in Vanille: Zucker und 0,35 l Wasser aufkochen, Vanilleschoten, Sternanis, Koriander und Pfeffer dazugeben und etwa 10 Minuten köcheln lassen. Obstessig und Zitronenscheiben hinzufügen, abkühlen lassen. Tomaten mit einer feinen Nadel mehrmals einstechen, in die lauwarme Marinade legen und mindestens einen Tag darin ziehen lassen.
Vor dem Servieren aus der Marinade nehmen, in einer Pfanne erhitzen, 2–3 Esslöffel Marinade dazugeben und durchschwenken.

Gefüllte Perlhuhnbrust: Aus Limettensaft, Olivenöl, Koriandergrün und Garam Masala eine Marinade rühren. Die Perlhuhnbrüste enthäuten, die Flügelknochen putzen. In die Brüste der Länge nach eine Tasche schneiden. Aufgeklappt in die Marinade legen, die Gambas hinzufügen und gut zwei Stunden ziehen lassen.
Herausnehmen und abtropfen lassen. Die Tasche der Perlhuhnbrust mit je 3 Gambas füllen. Mit einem Zahnstocher verschließen, salzen und pfeffern. Danach in Basilikum-Rosmarinöl anbraten und im Ofen bei 160 Grad 8 Minuten weitergaren. Das Fleisch würzen, mit Senf einstreichen und das zerkrümelte Oliven-Kräuterbrot darüber streuen. Zum Schluss unter dem Grill goldgelb überbacken. Vor dem Servieren jede Brust zweimal tranchieren.

Rezept von Otto Brommer, Brommers Hexenhaus, Kappelrodeck/Schwarzwald

REZEPT

Kürbissuppe

REZEPT

Zutaten (4 Personen)

1 Zwiebel
150 g Kartoffeln
500 g Kürbisfleisch
50 g Butter
600 ml Hühnerbrühe
1/2 TL Zitronensaft
3 EL Orangensaft
1/2 TL Kerbel, getrocknet
frisch geriebene Muskatnuss
1/4 TL Salz
Pfeffer aus der Mühle
100 g Sahne
100 g Crème fraîche

Zubereitung

Die Zwiebel fein hacken. Kartoffeln und Kürbisfleisch in kleine Stücke schneiden.

Die Butter in einem Topf schmelzen lassen, die gehackte Zwiebel dazugeben und glasig werden lassen. Kürbis- und Kartoffelstücke dazugeben. Mit der Hühnerbrühe auffüllen und zugedeckt kochen lassen, bis die Kartoffeln weich sind (ca. 15 Minuten). Anschließend mit dem Pürierstab mixen. Zitronensaft, Orangensaft, Kerbel, Muskatnuss, Salz und Pfeffer dazufügen.

Zum Schluss Sahne und Crème fraîche einrühren und die Suppe nochmals kurz aufkochen lassen.

Rezept von Hermann Huber, Butschbach

Bühler Zwetschgentasche mit Pilzrahmsauce

Zutaten (2 Personen)

Zwetschgentasche:
4 Kalbsschnitzel à 150 g
Salz und Pfeffer aus der Mühle
1 Prise Nelkenpulver
1 Prise gemahlener Zimt
20 Trockenzwetschgen (am Vortag in einer Marinade aus Zimtstangen, ganzen Nelken, Cognac und Schwarztee einweichen)
12 Holzspießchen (Zahnstocher)
etwas Mehl
Petersilie zum Garnieren

Pilzrahmsauce:
250 g frische Pilze (je nach Saison Pfifferlinge, Champignons, Steinpilze)
1 fein gehackte Schalotte
20 g Butter
3/8 l Affentaler Spätburgunder
1/4 l Bratensauce
150 g Crème fraîche

Zubereitung

Zwetschgentaschen: Die flach und breit geklopften Schnitzel auslegen, mit Salz, Pfeffer, Nelken und Zimt würzen und mit den am Vortag eingeweichten Zwetschgen belegen. Die Fleischscheiben zu je einer Tasche zusammennehmen und mit je 3 Holzspießchen zusammenstecken. Die Taschen leicht salzen, pfeffern und in Mehl wenden. In einer Pfanne in heißem Fett kurz anbraten. Danach 15 Minuten in die heiße Backröhre schieben und anschließend warm stellen.
Pilzrahmsauce: Die Pilze putzen und etwas zerkleinern. In einer Pfanne die Schalottenwürfel in Butter anschwitzen. Danach die Pilze zugeben und leicht schmoren lassen. Anschließend mit Rotwein ablöschen und die Flüssigkeit etwas reduzieren lassen. Zum Schluss Bratensauce und Crème fraîche dazugeben. Gegebenenfalls mit etwas Salz nachwürzen.
Anrichten: Die heiße Sauce auf die Zwetschgentaschen geben und mit fein gehackter Petersilie garnieren. Als Beilagen eignen sich Eierspätzle und frische Salate.

Rezept von Peter Günthner, Hotel-Restaurant „Grüne Bettlad", Bühl

REZEPT

Adressen

„Brommers Hexenhaus"/
Brommers Edelobstbrennerei
Hauptstraße 191
77876 Kappelrodeck/Schwarzwald
Tel.: 07842-600136

„Straßenfest Oberkirch-Butschbach"
am ersten Oktoberwochenende:
77704 Oberkirch
Info: 07802-706685

„Bühler Zwetschgenfest" am
zweiten Septemberwochenende:
77815 Bühl
Info: 07223-935-284

Hotel-Restaurant „Grüne Bettlad"
Blumenstraße 4
77815 Bühl
Tel.: 07223-9313-0

„Goldwaschen am Rhein"
Information über Exkursionen und Ausrüstung:
www.goldwaschen.de
www.goldsucher.de

„Niederbühler Feuertaufe" am
11. November im Festzelt Niederbühl:
76437 Rastatt
www.niederbuehler-feuerteufel.de

Restaurant Zollhaus
An der Rheinfähre Neuburgweier
76474 Au am Rhein
Tel.: 07242-939960
www.restaurant-zollhaus.de

„Stadtgeburtstag Karlsruhe":
Info: Stadtmarketing Karlsruhe GmbH
Kaiserstraße 142–144
76133 Karlsruhe
Tel: 0721-35236-25

„Karlsruher Spieletage"
NCO-Club
Delawarestreet 21
76149 Karlsruhe
Info: Rollen- und Brettspielverein Toule 1987 e.V.
Tel.: 0721-557577

Strandbad-Restaurant
Strandbadweg 1
68199 Mannheim
Tel.: 0621-851410

Von der Pfalz nach Rheinhessen

In Neuburg, in der Südecke der Pfalz, nahe der französischen Grenze, ist morgens um sieben die Stille am Altrhein geradezu paradiesisch. Schilf und Weiden schlucken den Lärm der Schiffsmotoren auf Europas verkehrsreichstem Strom. Wir haben uns einen Sonntag im September ausgesucht, um beim deutsch-französischen Wandertag „Radeln ohne Grenzen“ dabei zu sein.

Eine kleine Personenfähre bringt im 10-Minuten-Takt ganze Heerscharen von Radwanderern aus dem Badischen ans linke Rheinufer. Hier empfängt die Radfahrer das Neuburger Blasorchester. Seine Klänge begleiten uns Richtung Elsass, wo jetzt einen ganzen Tag lang grenzüberschreitend gefeiert und gewandert wird. Wir folgen den Radwanderern zu einem ihrer beliebtesten Ziele: dem Tal der Lauter. Das Flüsschen markiert die deutsch-französische Grenze in nordwestlicher Richtung. Weil hier ein Staatsvertrag gilt, darf an den Ufern nichts verändert werden. So kann die Lauter ungehindert ihren idyllischen Lauf entfalten.

Bald erreichen wir Scheibenhardt – genauer gesagt: zwei Dörfer gleichen Namens, das französische allerdings nur mit „d“ geschrieben. Früher wurden sie durch die Grenze entlang der Lauter getrennt. Als 1993 in der EU die Schlagbäume fielen, hat man gemeinsam ein Brückenfest aus der Taufe gehoben. Seitdem feiern beide Orte mit ihren Gästen Anfang Juni mit Jahrmarkt, Tanz und Musik. Und natürlich lernt man gegenseitig die Küche des Nachbarn kennen. So bekommen die Elsässer beispielsweise auch das Lieblingsgericht der Pfälzer aufgetischt: die berühmten Dampfnudeln, die urige Süßspeise, die mit Vanillesoße oder Weincreme genossen wird.

Deftige Dampfnudeln und zarte Versuchungen

Wer den Pfälzer Dampfnudeln genauer auf die Spur kommen will, benötigt nur ein paar Auto-Minuten von der Lauter nach Hayna, in eines der schönsten Dörfer der ganzen Pfalz. Der Ort steht unter Denkmalschutz und ist bekannt für seine malerischen Tabakschuppen. Rund um Hayna wachsen Deutschlands beste Tabaksorten. Mitten im Tabakmekka steht der viel besuchte „Dampfnudelhof" von Hans Hagenbuch. Er erklärt uns sein Rezept. Öl, Wasser, eine Prise Salz! Das ist der Schlüssel zum Geheimnis, damit in einem Dampfbad aus wohlgeformten Hefeklößen echte Pfälzer Dampfnudeln werden. Die genießt man hier übrigens nicht selten auch mit Deftigem zusammen, wie beispielsweise Gulasch oder einer Kartoffelsuppe.

Das Schloss Bad Bergzabern

Wir setzen unsere Reise auf der Deutschen Weinstraße fort. Hier – ein Dutzend Kilometer vom Rhein entfernt – wird es südlich-mediterran. Am Hang des Pfälzerwaldes empfängt uns ein endloses Rebenmeer, das schöne Dörfer und malerische Städtchen förmlich umschließt. In der Pfalz, heißt es, fängt Deutschland an, Italien zu werden. Und tatsächlich reifen in dem milden Klima exotische Früchte, die man sonst nur in Südeuropa erwartet: Feigen, saftig wohlgerundet, berühmt für ihre aromatische Süße.

Gleich neben dem Schloss von Bad Bergzabern, weiß man im renommierten Café Herzog aus den Früchten eine Feinschmecker-Kreation herzustellen: Feigentorte. Und auch sonst ist der Chef des Hauses für seine Leidenschaft bekannt, in Sachen Süßigkeiten neue Wege zu gehen. Das Wichtigste für Gerhard Herzog ist ein edler Tropfen. Die besten Spätlesen sind für seine großen Erfindungen gerade gut genug. Der Konditor hat nämlich herausgefunden, wie man aus Pfälzer Wein und hochwertiger Blockschokolade Trüffeln und Pralinen zaubert – die Weinperlen der Confiserie Herzog.

Unser Blick in den Backraum lässt uns das Wasser im Munde zusammenfließen. Vor unseren Augen wandert zerkleinerte Blockschokolade in einen Kessel, um mit Sahne, Butter und Glykose zum appetitlich braunen Sud aufgemischt zu werden. In den Sud fließen dann vier bis fünf Sorten Wein nach dem „Fahrplan", den Gerhard Herzog ausgetüftelt hat. Die Endphase der Weinperlen-Produktion ist Handarbeit. Sanft ergießt sich die noch flüssige Masse in Schokokugeln, die den kostbaren Schatz vor schnellem Verdunsten bewahren sollen.

Der Dom von Speyer

Ein Familienfest in Speyer

Zurück am Rhein gehen wir an Bord des Minidampfers „Pfälzerland". Mit ihm kreuzt Kapitän Werner Streib dreimal am Tag den ganzen Sommer über stromauf, stromab und bringt Ausflügler an die romantischen Altrhein-Arme der näheren Umgebung von Speyer. Anderthalb Stunden erholen wir uns bei frischem Wind, bei Kaffee und Kuchen. Das große Erlebnis aber ist für uns der Augenblick, als bei der Rückfahrt plötzlich die Domtürme auftauchen. Über den Wassern des Rheins erhebt sich die Stein gewordene Erinnerung an Speyers Kaiserherrlichkeit. Im elften Jahrhundert haben pfälzische Salier von hier aus das Reich regiert.

So führt unser Landgang auch direkt zum Dom, der größten und schönsten romanischen Kirche in Europa. Allein das Mittelschiff misst 33 Meter in der Höhe. Tief unten ruhen in Steinsärgen acht deutsche Kaiser und Könige des Mittelalters. Unter ihnen der berühmte Heinrich IV., der so erbittert mit dem Papst in Rom gestritten hat.

Im Schatten des Kaiserdoms lässt sich außerdem ausgiebig feiern. Besonders beliebt ist das Speyerer Altstadtfest im Fischerviertel Hasenpfuhl. Zwischen Fischmarkt und Sonnenbrücke verwandeln sich am zweiten

Septemberwochenende jedes Jahres die romantischen Winkel und Gassen in eine Festkulisse. Mit der Sanierung dieses Stadtteiles entlang des Speyerbachs in den frühen siebziger Jahren entstand das Altstadtfest, das 1976 zum ersten Mal veranstaltet wurde. Es ist im Grunde eine einzige Familienfeier, bei der die Pfälzer ihre Leidenschaft ausleben können: mit Freunden hautnah zusammenhocken, bei Wein und Bier feststellen, dass die Pfalz der schönste Fleck auf dieser Erde ist und dass das Leben ohne gutes Essen und Trinken nur die Hälfte wert ist. Während unserer Dreharbeiten rockt gerade eine Schüler-Nachwuchsband, Kinder lassen sich schminken und man flaniert durch die engen Gassen.

Buntes Treiben beim Traubenblütenumzug

Zur Traubenblüte nach Westhofen

Eine besonders aktive Sonne und der Rhein als Wärmespeicher produzieren Rekorde: 120 Millionen Rebstöcke, 5000 Weinbaubetriebe, eine unübersehbare Zahl von Weinfesten und mittendrin: Westhofen bei Worms. Hier feiert man seit 1950 – in der Regel am zweiten Wochenende nach Pfingsten – das Traubenblütenfest mit der Wahl der Traubenblütenkönigin. Organisiert von einem rührigen Heimatverein bringt es vier Tage lang Schwung in das Städtchen um die alte Kellergasse, den Marktplatz und die Seebachquelle. Weil der berühmte Pilgerpfad nach Santiago de Compostela durch ihre Gemarkung lief, haben die Westhofener das mittelalterliche Treiben zum Thema ihres Festes gemacht. In jedem Jahr wird eine Epoche aus der Dorfgeschichte dargestellt. Beim sonntäglichen Umzug paradieren daher Musikkapellen, Ritter, Knappen, Mönche, Henker und Hexen an uns vorbei.

Wer zwischendurch ein paar Minuten Ruhe braucht, findet einen stillen Winkel im 200 Jahre alten Bauerngarten der Winzerfamilie Orb, wo unzählige Rosen um die Wette blühen. Claudia Orb, die Frau des Weingutsbesitzers, hat für soviel Schönheit hart gearbeitet. In zehn Jahren machte sie aus einem verwilderten Garten ihr Rosenparadies, das inzwischen auch zur Touristen-Attraktion geworden ist. Die Rheinhessen sind wieder stolz auf die eigene Tradition und haben die Tore der alten Gärten für Besucher weit geöffnet.

Nachdem uns Claudia Orb durch ihr blühendes Reich geführt hat, weiht sie uns in der Küche des Weinguts in die Geheimnisse alter rheinhessischer Bauernkost ein. Schon die Großmutter der Winzerin hat früher im Handumdrehen ein Mittagessen für eine große Familie auf den Tisch gezaubert. Und so können wir zuschauen, wie aus Birnen, Kartoffeln und Speck schließlich Ausgescheppte mit Beereschnitze entstehen – Fastfood anno dazumal.

Claudia Orb

Rhein in Flammen

Wir fahren nun an Mainz vorbei, das nicht zuletzt mit Fastnacht und Johannisnacht einen attraktiven und umfassenden Festereigen kennt. Heute zieht es uns aber direkt zu einem der schönsten Abschnitte am Rhein. Richtung Bingen und Rüdesheim drängen sich zehn Inseln in den Strom und lassen den Fluss breit und malerisch dahinziehen. Wir sind zu Gast beim Motoryachtclub Rüdesheim im Rheingau. Seit fünf Jahren startet Horst Weineck auf seinem „Luxusliner" im Konvoi mit anderen Freizeit-Kapitänen samt Familien ins Wochenende in Richtung Inselrhein. Die rasante Fahrt geht zur

Verwunschen: der Rosengarten der Orbs

großen Stillwasserzone der Mariannen-Aue. Mitten im Strom entstand ein weiter See, dank der Steinwälle, die rechts und links das Fahrwasser für die offizielle Schifffahrt regulieren. Es ist der ideale Ankerplatz für eine Sommerparty auf dem Wasser. Wenn dabei zehn Motorboote miteinander vertäut werden, ergibt das eine schwimmende Picknick-Insel.

Andere Dimensionen erreicht dagegen die „Armada", die an jedem ersten Sonntag im Juli nach Sonnenuntergang das Rheintal aufwärts zum Binger Loch zieht. 50 bis 60 Ausflugsdampfer bringen an die 16 000 Passagiere zum großen Feuerwerk „Rhein in Flammen" – eines der attraktivsten Spektakel am Eingang zum Mittelrheintal. Punkt 22 Uhr, wenn der Strom in Dunkelheit versinkt, fällt der Startschuss. Da werden selbst Skeptiker zu Poeten und reden vom schönsten Feuerwerk in Deutschland. Wo gleitet man schon mit einer Schiffsflotte durch ein flammendes Spalier von Raketen und bengalischem Feuer?! Mit gedrosselten Motoren geht die Fahrt vorbei an Burgen, die im Licht von 900 Feuerwerkskörpern aufflammen. Immer wenn ein neuer Glanzpunkt ins Blickfeld kommt, wird vom Führungsdampfer aus gezündet.

Zündend: „Rhein in Flammen"

Dieser Beitrag beruht auf der Grundlage des Films von Horst Schäfer.

Omas Dampfnudeln

REZEPT

Zutaten (6 Personen)

Dampfnudeln:
1 kg Mehl, 40 g Hefe
20 g Zucker, 1 Prise Salz
20 g Butter, 1 Eigelb
450 ml lauwarme Milch
$^1/_8$ l Öl
$^1/_8$ l Wasser
$^1/_2$ TL Salz

Weincreme:
0,5 l Wein, 0,25 l Wasser
2 EL Stärkemehl, 5 EL Zucker
3 Eier

Zubereitung

Dampfnudeln: Das Mehl in eine Schüssel sieben. In der Mitte eine Mulde eindrücken. Hefe, Zucker, Salz, Butter sowie das Eigelb mit der lauwarmen Milch in die Mulde geben und alles zu einem Teig verrühren. Den Teig so lange kneten, bis er glatt ist. Anschließend ungefähr eine halbe Stunde zugedeckt ruhen lassen. Danach aus dem Teig etwa 80 g große Stücke ausbrechen, in runde Kugeln formen und auf ein bemehltes Brett setzen. Nochmals eine halbe Stunde ruhen lassen. Öl und Wasser in eine gut schließende Pfanne geben. Einen halben Teelöffel Salz einstreuen. Die Teiglinge in die Pfanne setzen und zum Kochen bringen. Dann den Deckel auflegen und bei mittlerer Hitze ca. 18 Minuten backen, bis die Dampfnudeln zu „singen" und zu „krachen" beginnen. Es bildet sich eine Kruste. Die fertigen Dampfnudeln aus der Pfanne nehmen und warm stellen.

Weincreme: Wein und Wasser zum Kochen bringen. Vom Herd nehmen und kurz abkühlen lassen. Das Stärkemehl, den Zucker und die Eier in einer großen Schüssel glatt rühren. Das Wein-Wasser-Gemisch nach und nach in die Schüssel geben und zu einer schaumigen Creme schlagen.

Anrichten: Jeweils eine Portion Weincreme auf einen Teller geben und die Dampfnudel dekorativ auf den Spiegel setzen.

Rezept von Hans Hagenbuch, Dampfnudelhof, Herxheim-Heyna

Pfälzer Feigentorte

Zutaten

Buttermürbeteigboden:
„1,2,3-Teig" aus 3 Teilen Mehl, 2 Teilen Butter und 1 Teil Zucker herstellen.
Marzipan

Mandelbiskuit:
250 g Marzipan, 125 g Butter
12 g Zitrone
1/4 Vanilleschote
2 g Salz
3 Eier
40 g Mehl, 30 g Weizenpuder

frische Feigen
Aprikosengelee

Zubereitung

Der fertige Buttermürbeteigboden wird mit streichfähigem Marzipan bestrichen.

Für das Mandelbiskuit Marzipan, Butter, Zitrone, Vanilleschote und Salz schaumig rühren. Zusammen mit den Eiern und dem Mehl einen Biskuitteig herstellen. Im vorgeheizten Backofen bei 180 Grad ca. 35 Minuten backen.

Der Mandelbiskuitboden wird auf den Mürbeteigboden aufgelegt und ebenfalls mit Marzipan bestrichen. Die Feigen schälen und in Scheiben auflegen. Der belegte Kuchen wird mit Aprikosengelee abgeglänzt.

Tipp: Die Feigen mit Himbeerlikör beträufeln.

Rezept von Gerhard Herzog, Confiserie Herzog, Bad Bergzabern

REZEPT

Ausgescheppte und Beereschnitze

Zutaten (4 Personen)

1,5 kg normale Birnen (Williams- oder jede andere Lagerbirne)
1 Zimtstange
1 EL Zucker
20 g Stärke
1,5 bis 2 kg Kartoffeln
150 g frischer, fetter Speck
250–300 ml heiße Milch

Zubereitung

Die Birnen waschen, schälen, entkernen und in Achtel-Stücke schneiden. Mit der Zimtstange, dem Zucker und – wenn überhaupt nötig – 1 Tasse Wasser in der Mikrowelle 15 bis 20 Minuten garen. Danach mit 2–3 Esslöffeln Wasser und der Stärke andicken, nochmals in der Mikrowelle 2 bis 3 Minuten aufwallen lassen, damit die Stärke verkocht. Das Kompott sollte leicht sahnig sein.

Die Kartoffeln waschen, schälen und in kleine Stücke schneiden. In einem Topf mit Wasser und etwas Salz etwa 20 Minuten auf dem Herd garen.

Den Speck in kleine Würfel schneiden und in einer Kasserolle auslassen. Die fertig gegarten Kartoffeln mit dem Rührgerät pürieren, heiße Milch dazugeben und schaumig schlagen.

Die Kartoffeln werden nun „ausgescheppt", das heißt: Mit einem großen Löffel wird zuerst der ausgelassene Speck und gleich darauf Püree geschöpft und auf einer Platte angerichtet. Dazu wird das noch warme Kompott gereicht. Ein Glas Silvaner passt als Getränk.

Rezept von Claudia Orb, Westhofen

REZEPT

Adressen

„Brückenfest Scheibenhardt":
Ortsgemeinde Scheibenhardt
Tel.: 07277-327
www.scheibenhardt.de

Dampfnudelhof
Familie Hagenbuch
Hauptstraße 103
76863 Herxheim-Heyna
Tel.: 07276-919013

Confiserie Herzog
Marktstraße 48
76887 Bad Bergzabern
Tel.: 06343-1535
Fax: 06343-2908

Tourist-Information Speyer
Maximilianstraße 13 (neben Historischem Rathaus)
67346 Speyer
Tel.: 06232-142392
Fax: 06232-142332
touristinformation@stadt-speyer.de
www.speyer.de

„Traubenblütenfest Westhofen":
Verbandsgemeindeverwaltung Westhofen
Wormser Straße 23
67593 Westhofen
Tel.: 06244-59080
Fax: 06244-590851
info@vg-westhofen.de
www.westhofen.de

Weingut J. G. Orb
Am Markt 9–13
67593 Westhofen
Tel.: 06244-828

Motoryachtclub Rüdesheim
Horst Fluhrer
Hauptstraße 124
65385 Rüdesheim
Tel.: 06722-2981

Tourist-Information Bingen
Dieter Glaab
Rheinkai 2
55411 Bingen
Tel.: 06721-184-203 und -204

Weitere Info:
Rhein in Flammen
www.rhein-in-flammen.com

Rheinland-Pfalz Tourismus GmbH
Löhrstraße 103–105
56068 Koblenz
Tel.: 0261-91520-0
Fax: 0261-91520-40

Unterwegs im Rheingau

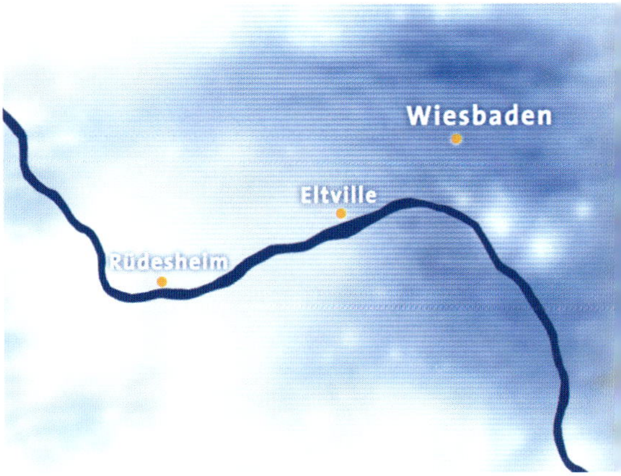

Herren in Gehrock und Zylinder, Damen in eng taillierten Kostümen und Spitzenhäubchen – Anfang Juli versetzt uns in der Altstadt von Eltville ein buntes Völkchen zurück in die Zeit des frühen 19. Jahrhunderts. In dem Rheingau-Städtchen feiert man das Sekt- und Biedermeierfest, eines der traditionsreichsten und schönsten Feste der Gegend.

Die aktive Teilnahme ist erwünscht. Und so animiert der örtliche Biedermeierverein seine Mitglieder immer wieder dazu, sich Kostüme zu nähen. „Allerdings freuen wir uns auch, wenn sich einer die Zeit nimmt und über Flohmärkte geht und das ein oder andere historische Stück erwirbt", sagt Imke Schulze vom Biedermeierverein. Lohn der Arbeit ist neben den bewundernden Blicken des Publikums mit etwas Glück ein attraktiver Preis, der beim Wettbewerb um das authentischste Biedermeierkostüm vergeben wird.

Seit 1955 wird das Biedermeierfest durch das Sektfest ergänzt, denn schließlich verfügt Eltville über klangvolle Namen, die eine mehr als 150 Jahre alte Tradition in der Herstellung des Schaumweins begründeten. Wir schauen in einer kleinen Manufaktur hinter die Kulissen. Schloss Vaux hat sich mit edlen Tropfen einen Namen gemacht. Hier wird der Sekt nach der französischen Flaschengärmethode hergestellt und ähnlich wie der Champagner auf der Hefe direkt in der Flasche vergoren. Und noch eine Besonderheit, die uns Geschäftsführer Nikolaus Graf von Plettenberg erklärt: Schloss Vaux setzt auf Lagensekte, das heißt der Wein, der versektet wird, kommt aus einer einzelnen Rheingauer Spitzenlage.

Doch die älteste Stadt im Rheingau hat noch mehr zu bieten. Über 20 000 Rosenstöcke verbreiten im Sommer in den Anlagen der Kurfürstlichen

Auf dem Biedermeierfest in Eltville

Burg ihren betörenden Duft – Eltville, die Rosenstadt. Hoch oben im Burgturm des aus dem 14. Jahrhundert stammenden Gemäuers hat der Eltviller Burgverein eine Gutenberg-Gedenkstätte eingerichtet. Der Erfinder der Buchdruckerkunst soll nämlich zeitweise in Eltville gelebt haben. Er wurde 1465 zum Hofedelmann ernannt. Dank Gutenberg zählt die Stadt zu den ältesten Druckstätten der Welt. Bereits 1472 wurde hier das erste lateinische Wörterbuch „Vocabularis ex quo" gedruckt. Nun führen die Mitglieder des Vereins auf Wunsch den Liebhabern der „schwarzen Kunst" einen vollständigen Druckvorgang an einer alten florentinischen Druckerpresse vor.

Das gotische Dorf Kiedrich

Der Weinberg der Ehe

Wer nun ein Stück landeinwärts fährt, kommt nach Kiedrich. Das gotische Dorf mit seiner tausendjährigen Geschichte wird geprägt von der Silhouette der Pfarrkirche St. Valentinus. Im Innern das Kleinod des Gotteshauses: die mittelalterliche Doppelmadonna. Wir sind allerdings wegen einer anderen Attraktion gekommen. Wenn die Glocken der Kirche sonntags morgens zum Gebet rufen, findet hier eine ganz besondere Zeremonie statt. Zur Feier des Hochamtes singen die berühmten Kiedricher Chorbuben gregorianische Choräle – aber nicht, wie üblich in lateinischer, sondern in der gotisch-germanischen Fassung. Seit dem 14. Jahrhundert halten die Kiedricher an dieser Tradition fest.

Franz Keller mit seinen Charolais-Rindern

Auf dem Standesamt gegenüber der Kirche dürfen wir ein frisch gebackenes Brautpaar filmen. Auch Heiraten in Kiedrich ist nämlich etwas Besonderes. Jedes Paar, das hier den Bund der Ehe schließt, erhält von der Gemeinde als Hochzeitsgeschenk einen Rebstock im „Weinberg der Ehe“ und vom Bürgermeister persönlich noch einen Riesling als „Mitgift“. Trotz der gemeindlichen Weinbergspflege lässt es sich manches Brautpaar auch später nicht nehmen, regelmäßig nach seinem Weinstock zu sehen. Rund 1600 Rebstöcke der Lage „Kiedricher Wasserros'“ wachsen im „Weinberg der Ehe“.

Fehlt im Anschluss an die Zeremonie noch das festliche Hochzeitsessen. Wir empfehlen den Gasthof Adler im Weindorf Hattenheim. Patron und Koch Franz Keller ist eine Art Aussteiger aus der Spitzengastronomie. Einst war er Sternekoch und Direktor von vier Restaurants. Heute setzt er auf Ökologie. Zusammen mit einem Landwirt züchtet er im Taunus unter anderem bunte Bentheimer Schweine. Aber auch bei weißen Charolais-Rindern legt er großen Wert auf artgerechte Tierhaltung und Fütterung. Nach dem Motto „vom Einfachen das Beste“ kocht Franz Keller für uns Hochrippe und Filet vom weiblichen Charolais-Rind. Außerdem dürfen wir 13 kleine Leckereien zum Auftakt eines festlichen Essens bestaunen – eine Mischung aus mediterraner und regional-rustikaler Küche.

Ein Festival mit Tafelfreuden

Ebenfalls abseits vom Rhein, liegt in einem abgeschiedenen Waldtal das ehemalige Zisterzienser-Kloster Eberbach. Es wurde im 12. Jahrhundert gegründet und hat die Entwicklung des Rheingauer Weinbaus und seiner Kultur maßgeblich beeinflusst. In der Klosterkirche begann 1987 eine weitere Erfolgsgeschichte: die des Rheingau-Musikfestivals. Es verwandelt im Sommer die Region in ein riesiges Konzertpodium. Hier treffen sich Stars und Nachwuchs der klassischen Musik, aber auch Jazz und

Kabarett sind im Veranstaltungskalender zu finden. Was mit 19 Konzerten begann, umfasst heute über 150 „Events“ an 40 verschiedenen Orten.

Traditionell findet die Eröffnung des Festivals in der romanischen Basilika des Klosters statt. Mit ihren 78 Metern Länge hat sie eine ganz besondere Klangwirkung. „Die Akustik ist hier sehr problematisch“, verrät uns Festivalchef Michael Hermann. Bis zu zehn Sekunden Nachhall habe man in der leeren Basilika. „Und wenn ein Orchester hier probt, kann es sich im Grunde genommen untereinander nicht hören. Deshalb muss die Basilika mit mindestens 1500 Menschen besetzt sein, damit sich der Nachhall auf eine halbe Sekunde reduziert. Aber dann ist es phantastisch.“ Davon können wir uns später überzeugen, als vor ausverkauftem Haus das Radio-Sinfonie-Orchester Frankfurt unter der Leitung seines Chefdirigenten Hugh Wolff spielt.

Musik-Festival im Kloster Eberbach

Zum Festival gehört auch die „Steinberger Tafelrunde“. Im Steinberg, dem ältesten und berühmtesten Weinberg des Klosters Eberbach, dürfen wir an der 850 Meter langen Tafel Platz nehmen. Für 1500 Menschen gibt es eine Vesper unter freiem Himmel. Musikalische Ensembles begleiten das Mahl. Obwohl es Ende Juli ist, geht während der Dreharbeiten leider ein Regenguss über uns nieder. Doch der wunderbare Ausblick über den Rheingau entschädigt für diese erschwerten Arbeitsbedingungen.

Von der Geselligkeit zur stillen Andacht

Zurück am Rhein machen wir Halt am Ladekran in Oestrich-Winkel. Der letzte Zeuge einer alten Technik aus dem 18. Jahrhundert steht deutlich sichtbar für den Besucher am Ufer des Stroms. Unser eigentliches Ziel ist aber das Brentanohaus in Winkel. Hier haben im 19. Jahrhundert die Dichter der Romantik wie Bettine und Achim von Arnim, Clemens von Brentano, aber auch Goethe ihre Sommerfrische verbracht und die Schön-

Prozession zu Ehren Hildegards von Bingen

heiten der Landschaft in ihren Gedichten besungen. Neben anderem Original-Mobiliar bewundern wir den Sekretär, an dem Goethe Briefe aus dem „lieben, langen Winkel" schrieb.

Die Dichter waren Gäste der Frankfurter Kaufmannsfamilie von Brentano, die das Weingut damals als Sommerresidenz nutzte. Noch heute ist das Haus im Besitz der Familie. Diese pflegt die alte Salonkultur, schenkt eigenen Wein aus und veranstaltet literarische Soiréen. So feiert man zum Beispiel am 29. August bei Kerzenschein den Geburtstag Goethes mit einer Lesung seiner Gedichte.

Etwas weniger beschaulich gibt sich unsere nächste Station. Doch wer im Sommer nach Rüdesheim kommt, sucht vor allem Geselligkeit in einer der zahlreichen Weinstuben. Durch die rund 150 Meter lange Drosselgasse schieben sich dann meist mehr Gäste als die Stadt Einwohner hat. Und auch am hoch gelegenen und 700 Zentner schweren Monument der Deutschen Einigung von 1871 ist man nicht alleine. Dafür ist der Blick über das Rheintal vom Niederwald-Denkmal aus grandios.

Wer es weniger touristisch mag, dem empfehlen wir ein religiöses Fest im Rüdesheimer Stadtteil Eibingen. Am 17. September begehen die Nonnen der Abtei St. Hildegard den Todestag der Hildegard von Bingen. Schon seit über 140 Jahren werden an diesem Tag die Reliquien der Klosterpatronin und Volksheiligen im vergoldeten Schrein durch die Straßen getragen. Am Nachmittag pilgern die Menschen in das Kloster der Benediktinerinnen oberhalb des Ortes. Die Nonnen, die hauptsächlich vom Weinbau leben, laden dann zu einer Weinprobe ein. „Der Wein ist das Blut der Erde", schrieb einst Hildegard und empfahl ihn – maßvoll genossen – zur Behandlung von Krankheiten. Außerdem kann man beim Gedenkgottesdienst in der Abteikirche das Innere der imposanten Anlage kennen lernen.

Hinter Rüdesheim windet sich der Rhein durch sein Tal mit den steil abfallenden Weinbergen. Die Ruine Ehrenfels, eine ehemals prunkvolle Burg aus dem 13. Jahrhundert, die den Erzbischöfen und Kurfürsten von Mainz gehörte, und der Mäuseturm, die einstige Zollstation der Mainzer Bischöfe, geben schon einen Vorgeschmack auf die nächsten Kilometer voller „Mittelrhein-Romantik“.

Doch zuvor besuchen wir das zu Rüdesheim gehörende Assmannshausen. An den Hängen des Höllenbergs oberhalb des malerischen Städtchens wächst der einzige Spätburgunder des Rheingaus. Diesen wunderbaren Rotwein genießen wir auf der Terrasse des legendären Hotels „Krone“. Schon seit 1541 gibt es diesen Gasthof am Rheinufer. Heute zieren fünf Sterne das renommierte Haus. Ein kleines Museum im Inneren erinnert an Poeten, Schauspieler und Berühmtheiten, die hier zu Gast waren. Einer von ihnen: Ferdinand Freiligrath, einer der Dichter des Vormärz, die den Weg für die Revolution 1848 anbahnten. In der „Krone“ hat er sein „Glaubensbekenntnis“ verfasst. Es waren Gedichte, in denen er die Monarchie kritisierte und die ihn zur Flucht nach England zwangen.

Wir dagegen denken keineswegs an Flucht, denn bei unserem Besuch bereitet Chefkoch Jochen Bähr eine Spezialität des Hauses: Wirsingbällchen. In Butter angeschwitzt passen sie wunderbar zu einem Rehrücken. Als Beilage sind Schupfnudeln vorbereitet – ein Festessen.

Dieser Beitrag beruht auf der Grundlage des Films von Lucie Herrmann.

Steak vom Charolais-Rind

Charolais-Rinder sind reine Fleischrinder. Die Adler-Wirtschaft verarbeitet nur Färsen, also junge weibliche Tiere, die noch nicht gekalbt haben und nicht über 30 Monate alt sind. Natürlich sollten die Färsen auch eine gute Fettschicht (nicht nur auf den Rippen!) haben. Die Adler-Wirtschaft lässt die einzelnen Fleischteile grundsätzlich am Knochen reifen (abhängen), Rücken und Keule am längsten. Nur das Filet und der Zwerchfellmuskellappen (in Frankreich Bavette genannt) sind möglichst schnell innerhalb der ersten 2–5 Tage zu verarbeiten und zu genießen.

Zutaten

pro Person ein 4–5 cm dickes Steak vom Charolais-Rind
Olivenöl (extra vergine)
weißer Pfeffer, Salz
Butter zum Anbraten

Zubereitung

Die Steaks werden vor dem Braten 24–48 Stunden in bestem Olivenöl eingelegt. Die Fleischstücke aus dem Öl nehmen und abtropfen lassen. Jeweils auf einer Seite mit weißem Pfeffer und wenig Salz einreiben. Je zu gleichen Teilen Olivenöl und Butter in einer gusseisernen Steakpfanne stark erhitzen und die Steaks auf der gewürzten Seite scharf anbraten. Die andere Seite ebenfalls mit Pfeffer und Salz würzen, das Fleisch in der Pfanne wenden und von der anderen Seite scharf anbraten. Um eine leicht dunkle Kruste zu erhalten, werden die Steaks anschließend – je nach Größe und Gewicht – zwischen 10 und 20 Minuten bei ca. 120 Grad im Heißluftofen nachgebraten. Danach muss das Fleisch ca. 20 Minuten an einem warmen Platz (z. B. in der Nähe des Herdes oder unter einer Wärmelampe) ruhen. Dieser Vorgang ist sehr wichtig und mit entscheidend für die Saftigkeit und Zartheit des Fleisches.
Je nach Geschmack kann das Steak mit oder ohne Sauce oder mit geschmolzener Butter und gehackter Petersilie serviert werden.

Rezept von Franz Keller, Adler-Wirtschaft, Hattenheim

REZEPT

Rehrücken am Stück gebraten mit Wirsingbällchen, Schupfnudeln und Wacholderrahmsauce

REZEPT

Zutaten

Rehrücken:
1 parierter Rehrücken
Pflanzenöl
Rosmarin, Thymian
Wacholderbeeren
Butter

Schupfnudeln:
400 g Kartoffeln
80 g Mehl
1 Vollei
2 Eigelb
40 g Stärke
Salz, Muskatnuss

Wirsingbällchen:
1 großer Wirsingkopf
50 g Speck
1 Zwiebel
50 g Butter
Salz, Pfeffer, Muskatnuss
10 ml Madeira
100 ml Kalbsjus

Wacholdersauce:
250 g Schalotten
75 g Butter
150 ml Rotwein, 1/4 l Wildjus
50 g Wacholderbeeren
etwas Rosmarin, Thymian (frisch)
150 ml Sahne
Salz, Pfeffer

Zubereitung

Rehrücken: Das Fleisch in einer heißen Pfanne mit Pflanzenöl auf der Fleischseite zuerst dunkelbraun anbraten. Danach den Rehrücken wenden und etwas Rosmarin, Thymian und Wacholder dazugeben. Ebenfalls dunkelbraun braten, dann Butter dazugeben und das Fleisch mit einer Schöpfkelle ca. 4 Minuten lang mit der Butter, den Kräutern und den Wacholderbeeren überziehen. Den Rehrücken aus der Pfanne nehmen und vor dem Servieren 5 Minuten ruhen lassen.

Schupfnudeln: Die Kartoffeln weich kochen, pellen und auskühlen lassen. Dann die Kartoffeln durch eine Kartoffelpresse drücken. Mehl, Ei, Eigelb und Stärke dazugeben, mit Salz und Muskatnuss abschmecken und alle Zutaten zu einem Teig verkneten. Den Teig zwischen den Händen zu kleinen Würstchen rollen. Diese in Salzwasser kochen und anschließend in einer Pfanne goldgelb anbraten.

Wirsingbällchen: Vom Wirsingkopf sechs große Blätter ablösen und im Ganzen in Salzwasser kochen. In Eiswasser abschrecken. Danach den Wirsingkopf halbieren und den Strunk herausschneiden. Die Wirsinghälften klein schneiden und ebenfalls in Salzwasser kochen. In Eiswasser abschrecken, auf ein Sieb abschütten und ausdrücken.

Speck und Zwiebel in kleine Würfel schneiden. Den Speck und die Hälfte der Zwiebeln in Butter anschwitzen. Den klein geschnittenen Wirsing dazugeben und mit Salz, Pfeffer und Muskatnuss würzen. Danach den geschnittenen Wirsing auf die sechs Wirsingblätter verteilen und diese zu Bällchen formen.

Nun den Rest der Zwiebeln in Butter anschwitzen und mit Madeira und Kalbsjus abloschen. Die Wirsingbällchen dazugeben und mit einem Löffel den Kalbsjus überziehen.

Wacholdersauce: Die Schalotten schälen, klein schneiden und in einem Topf mit der Butter anschwitzen. Mit Rotwein ablöschen und mit Wildjus auffüllen. Die Wacholderbeeren, Rosmarin und Thymian dazugeben, die Flüssigkeit noch etwas reduzieren lassen, danach mit der Sahne auffüllen. Nochmals aufkochen lassen. Die Sauce durch ein Sieb passieren und mit Salz und Pfeffer abschmecken.

Rezept von Jochen Bähr, Hotel und Restaurant Krone, Assmannshausen

REZEPT

Adressen

Tourist-Information und Kulturamt
Schmittstraße 2
65343 Eltville
Tel.: 06123-90980

Biedermeier-Verein Eltville e. V. 1995
Berthold-Straße 19
65343 Eltville

Sektkellerei Schloss Vaux
Kiedricher Straße 18a
65343 Eltville
Tel.: 06123-62060

Burgverein
Gutenberg-Gedenkstätte
Von-Itzstein-Straße 3
65343 Eltville
Tel.: 06123-62239

Verkehrsamt der Gemeinde Kiedrich
Rathaus
65399 Kiedrich
Tel.: 06123-905010

Kiedricher Chorbuben
St.-Valentins-Kirche
65399 Kiedrich
Tel.: 06123-2810

Adler-Wirtschaft
Franz Keller
Hauptstraße 31
65347 Hattenheim
Tel.: 06723-7982

Rheingau Musik Festival
Konzert-GmbH
Rheinallee 1
65375 Oestrich-Winkel
Tel.: 06723-917715

Schloss Vollrads
Vollradser Allee
65375 Oestrich-Winkel
Tel.: 06723-6620

Brentanohaus
Am Lindenplatz 2
65375 Oestrich-Winkel
Tel.: 06723-87792

Abtei St. Hildegard
65385 Rüdesheim-Eibingen
Tel.: 06722-499122

Hotel und Restaurant Krone
Rheinuferstraße 10
65385 Rüdesheim-Assmannshausen
Tel.: 06722-4030

Von der Loreley zum Rolandsbogen

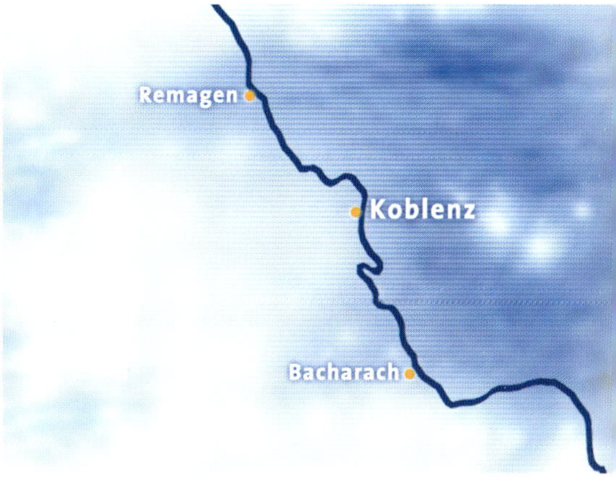

Geografen bezeichnen den Stromabschnitt von Bacharach bis Remagen schlicht als „Mittelrhein“, als das „Durchbruchstal“ durch das Schiefergebirge. Doch wenn die Morgensonne im Tal liegt, kann man die Dichter der Romantik verstehen, die den Rhein als den „Edelsten der Ströme“ bejubelt haben – als „Gottes besten Einfall“, der jeden Tag zum Fest werden lässt. Besonders hingerissen waren Poeten wie Heine und Brentano beim Blick auf Bacharach.

Unser Gang durch die Gassen lässt es erahnen: Im Mittelalter herrschte kaufmännischer Geschäftssinn. Bacharach war der wichtigste Handelsplatz für Wein und Holz im ganzen Tal. Die Bürger wurden so reich, dass sie sich die schönsten Fachwerkbauten leisten konnten. Ein besonderes Prunkstück ist das „Alte Haus“. Aber auch kostbarste Gotik entstand, so die berühmte Werner-Kapelle, die im 17. Jahrhundert französische Soldaten zur Ruine gemacht haben. Die romanische Stadtkirche, der Marktplatz, die kurpfälzische Münze oder der Posthof gehören zu den weiteren Sehenswürdigkeiten.

Die Idylle zieht Touristen an. Über 20 Dampfer der weißen Flotte legen an jedem Sommertag am Bacharacher Ufer an. Trotz 150 000 Besuchern lassen sich glücklicherweise lautstarke Kegelbrüder, die lange Zeit das Rheintal in Misskredit gebracht haben, kaum noch blicken. Die Gäste von heute suchen wieder, was einst die Dichter der Romantik bejubelt haben: die Harmonie von Rheinlandschaft und Kultur.

Dabei ist gefragt, was originell ist. Wir setzen mit der Fähre zur Bacharacher Rheininsel über. Dort wartet, gut gekühlt, Riesling von der Insel, den wir auf Gartenmöbeln unterm Sonnenschirm genießen. Der Winzer

Friedrich Bastian lädt regelmäßig zu Weinproben mitten im Fluss ein. Das „Heylesse Werth" gehört seit 200 Jahren seiner Familie und gibt seinen Festen ein besonderes Flair.

Wieder zurück in Bacharach stillen wir unseren Hunger im „Rheinhotel" direkt auf der Stadtmauer. Dessen Chef Andreas Stüber hat „Arme Kreuzritter" auf seine Speisekarte gesetzt. Hauptzutat ist eine reichliche Portion Trockenobst, damit das Ganze geschmacklich in Schwung kommt. Honig und Milch sorgen für weiteren Glanz, bevor die appetitliche Mixtur in die Bratpfanne wandert. Damit das Arme-Leute-Essen in Schwung kommt, werden die „Kreuzritter" durch einen schwarzen Johannisbeerschaum mit einem kräftigen Schuss Riesling geadelt. Andreas Stüber kann selbstbewusst unter Beweis stellen, dass die Küche vom Mittelrhein auch verwöhnte Zungen mit regionalen Spezialitäten zu überraschen weiß.

Das „Alte Haus" in Bacharach

Der berühmte Loreley-Felsen

Der Loreleyenzauber

Ein ungewöhnlicher Anblick erwartet uns hoch über St. Goarshausen. Eine Gruppe des Bundes für Umwelt- und Naturschutz rückt wucherndem Buschwerk zu Leibe. Seit viele Winzer die Bewirtschaftung dieser Lagen eingestellt haben, droht der reizvolle Wechsel von Weinberg und Trockenheide zu verschwinden. Deshalb sind Frauen wie Ute Graßmann aktiv geworden, um heute nach alten Methoden – wie beispielsweise auch mit Schaf- und Ziegenweide – diese Landschaft zu erhalten. Am Spitznack,

Majestätisch: die Marksburg bei Braubach

wo die Felsen 120 Meter zum Rhein abstürzen, beginnt die engste Passage am ganzen Strom. Wer hier hinauf finden will, muss die Gegend so gut kennen, wie die Umweltschützer. Die machen hier ihre Mittagspause, stärken sich mit rheinischem Zimtkuchen, der noch im Holzofen gebacken wurde.

Ute Graßmann und ihre Mitstreiterinnen in Sachen Rheintal entwickeln auch künstlerischen Ehrgeiz. Wir treffen sie wieder, als sie mit der Musikgruppe „Ranunculus", der Kauber Theatergruppe und der Tanzgruppe Vandandula, ihren „Loreleyen-Zauber" aufführen. Es ist Anfang August und sie entführen auf der bekannten Freilichtbühne der Loreley die Zuschauer mit Tanz, mystischem Gesang und stimmungsvoller Musik in die Welt der Hexen, Nixen und Feen. Es ist der Versuch, das Bild der Loreley von süßlichem Kitsch zu befreien. Die blonde Zauberin saß ja hier auf ihrem Fels, so wie Heinrich Heine sich das ausgedacht hat. Der „Loreleyen-Zauber" wurde im Jahr der Rhein-Romantik aus der Taufe gehoben und war jedes Mal ausverkauft – nicht zu Unrecht, wie wir spätestens beim Lichtertanz der Rhein-Nixen meinen.

Um zu unserer nächsten Festivität zu gelangen, steigen wir in den Hubschrauber. Unter uns romantisches Gemäuer wie die Marksburg bei Braubach. Sie ist als einzige der Rheinburgen unzerstört geblieben und bringt mit majestätischer Geste auf den Punkt, warum Millionen Besucher von Europas großem Strom so magisch angezogen werden und das Mittelrheintal zum Unesco-Weltkulturerbe erhoben wurde. Noch ein Stück rheinabwärts grüßt Lahnstein, das mit seinem SWR-Bluesfestival eine über 20-jährige Tradition pflegt.

Auf der gegenüberliegenden Rheinseite tauchen wir mitten in das Koblenzer Gauklerfest. Wir stehen vor Riesen-Schwellköppen. Die sind aus Australien angereist und verbreiten sommerliche Karnevalsstimmung.

Wie sie erobern in jedem Juli Musiker, Feuerschlucker, Komödianten, Akrobaten und Jongleure aus der ganzen Welt die Plätze der Altstadt. Vor gut zehn Jahren hat die 2000-Jahr-Feier für frischen Wind gesorgt. Seit damals gibt es auch das mehrtägige Gauklerfest, das die Koblenzer inzwischen fast so stürmisch feiern wie ihren Karneval.

Wir schließen uns für einen Rundgang dem Stadtführer und Koblenzer Original Manfred Gniffke an. Der sieht mit dem bunten Treiben ein Stück französische Lebensart in seine Stadt einziehen. Die habe sich, so erklärt er, bei den Koblenzern gegenüber dem preußischen Drill durchgesetzt. „Im Gegenteil: Die Preußen haben sich uns angepasst", sagt er mit Blick auf den Bundeswehr-Standort. „Die Bundeswehr-Offiziere und Generäle, die hier stationiert waren, wollen nicht mehr zurück nach Berlin oder wo sie sonst herkommen. Die sagen: Wir bleiben in Koblenz." Ob das vielleicht auch am herrlichen Panorama liegt, das man von der Festung Ehrenbreitstein aus genießen kann? Auch wir wechseln kurz vor der Weiterreise auf die gegenüberliegende Rheinseite und genießen den Blick auf Koblenz, Deutsches Eck, Moselmündung und das sich hier nun weitende Tal des Rheins.

Barockfest auf Schloss Engers

Madame Pompadour gibt sich die Ehre

Bei Neuwied erwartet uns die nächste Attraktion: In Engers steht das barocke Jagd- und Lustschloss der Trierer Kurfürsten, die in Koblenz residierten. Hinter der weißen Prachtfassade von 1750 regiert heute die Musik. Schloss Engers ist Sitz der rheinland-pfälzischen Stiftung „Villa Musica", die begabtem Nachwuchs mit Stipendien zu Aufstiegschancen verhilft – im schönsten Konzertsaal am Rhein. Und die Programmhefte vermelden Rekorde: In jedem Jahr erwarten die Besucher 50 Kammerkonzerte mit Starsolisten.

Wir haben uns für den Besuch das Barockfest im August ausgesucht. Hier gibt sich Madame Pompadour mit ihrem Hofstaat die Ehre. Im überfüllten Ehrenhof führen Mannequins aus Koblenz bei einer Rokoko-Modenschau mit Charme und Eleganz vor, wie es ausgesehen hat, in Seide und Brokat, mit Reifrock und eng geschnürtem Korsett zum Hofball zu schreiten. Immer mehr Frauen lassen sich von soviel Rokoko anstecken und flanieren im selbst geschneiderten Gala-Kostüm über den Schlosshof.

Jürgen Bender bei der Arbeit

Unterdessen läuft in der Schloss-Küche alles auf vollen Touren für eine Spezialität des Hauses: eine Mousse aus Eierlikör. Küchenchef Jürgen Bender mixt mit viel Temperament eine verführerische Masse, die zeigen soll, dass die Schlossgäste von Engers nicht nur musikalisch verwöhnt werden. Am Ende wird daraus – garniert mit Rotweinpflaumen-Ragout – eine lukullische Kostbarkeit, die auch einem verwöhnten Trierer Kurfürsten wohl gemundet hätte.

Schnäppchenjagd in Remagen

Ab Andernach zeigt der Mittelrhein wieder sein romantisches Gesicht und fließt in einem engen Tal zwischen Eifel und Westerwald hindurch. Wir sehen uns in Remagen um, das vor 2000 Jahren als Römerkastell Rigomagus von sich reden machte und heute rheinische Gemütlichkeit ausstrahlt. Das Rathaus, Fachwerk in der Milchgasse, Jugendstil in der Drususstraße, die Pfarrkirche St. Peter und Paul oder der Bahnhof Rolandseck mit seinen Kulturveranstaltungen sind nur einige Attraktionen. Nicht zu vergessen sind natürlich die Reste der berühmten Brücke von Remagen. Vier schwarze Türme erinnern an das Bauwerk, das 1945 als einziger unzerstörter Rheinübergang von amerikanischen Truppen erobert werden konnte. Zehn Tage später stürzte die Brücke ein. Aber da waren die Amerikaner schon längst am anderen Rheinufer auf dem Vormarsch.

Das friedliche Kontrast-Programm zu diesen Kriegserinnerungen ist der Remagener Jakobsmarkt, das große Fest für alle Schnäppchenjäger. Ende

Juli bleibt an zwei Sonntagen viel Zeit, um bei über 250 Händlern herumzustöbern, die anzubieten haben, was sich nur denken lässt: von teurer Markenware bis zu Modeschmuck, Hosenknopf und Billigmesser.

Vor dem Sonntagsbummel über den Jakobsmarkt gehen gute Katholiken allerdings zunächst einmal hinauf zur Apollinaris-Kirche. Remagens großes Einkaufsfest ist seit vielen Jahren unlösbar mit der Wallfahrt zum heiligen Apollinaris verbunden, denn eigentlich ist der fromme Mann auch Schutzheiliger für den Jakobsmarkt. Mit der gleichen Inbrunst, mit der man hier Feste feiert, zieht es die Menschen am Silber-Reliquar des Heiligen vorbei. Sie legen Sankt Apollinaris die Hand aufs Haupt, um sich Segen, Kraft und Mut zu holen.

Die Apollinaris-Kirche

Wir entfliehen dem Trubel und setzen bei Rolandseck mit der Fähre über den Rhein. Hier treffen wir auf Frank Böhm, der mit seinem Fahrrad auf die linksrheinischen Anhöhen hinauf will. Das Ziel des jungen Gastronomen ist der berühmte Rolandsbogen, von dem man einen fantastischen Weitblick über das Rheintal hat. Hier oben betreibt Frank Böhm bereits in der fünften Generation ein renommiertes Feinschmeckerlokal. Und er ist verantwortlich für den Rolandsbogen. Die imposante Ruine, Rest einer mittelalterlichen Zollburg, wurde 1840 mit Spenden aus ganz Deutschland vor dem Einsturz bewahrt. Heute ist hier der Platz für Haute Cuisine. Anspruchsvolle Gäste haben die Auswahl zwischen 500 Rheinweinen und exquisiten Menüs. Das Restaurant am Rolandsbogen gilt als Publikumsrenner, weil auch für den bescheidenen Geldbeutel etwas geboten wird. Wir genießen auf der Terrasse einen rheinischen Apfelkuchen, der durch die Künste von Frank Böhm zum kulinarischen Aushängeschild der Region geworden ist.

Dieser Beitrag beruht auf der Grundlage des Films von Horst Schäfer.

Arme Kreuzritter auf Schaum von Riesling und schwarzen Johannisbeeren

Zutaten (4 Personen)

Klöße:
2 Brötchen
50 g Datteln und Feigen
1 Vanilleschote
150 ml Milch
2 EL Honig
Paniermehl
Butterschmalz

Schaum:
2 Eier
2 EL Zucker
100 ml Riesling
50 g Püree von schwarzen Johannisbeeren
Puderzucker, Minze

Zubereitung

Klöße: Die Brötchen klein schneiden und in eine Schüssel geben. Datteln und Feigen ebenfalls klein schneiden und dazugeben. Die Vanilleschote der Länge nach aufschneiden, mit der Milch aufkochen und auch in die Schüssel geben. Die Masse mit dem Honig gut durchmischen und 20 Minuten lang ziehen lassen. Mit einem Löffel Klößchen ausstechen. Die Klößchen in Paniermehl rollen und in heißem Butterschmalz goldbraun braten.

Schaum: Eier, Zucker, Wein und Johannisbeerpüree in eine Schlagschüssel geben und in heißem Wasserbad aufschlagen. Den steif geschlagenen Schaum auf einen Teller geben und die Klöße („Kreuzritter") darauf legen. Mit Puderzucker und Minze garnieren.

Rezept von Andreas Stüber, Rheinhotel Bacharach

REZEPT

Eierlikör-Mousse an Rotweinpflaumen-Ragout

Zutaten (4 Personen)

Eierlikör-Mousse:
2 Eigelb
80 g Zucker
120–150 ml Eierlikör
2 Blatt Gelatine
300–350 ml geschlagene Sahne

Rotweinpflaumen-Ragout:
8 frische Pflaumen
2 EL Zucker
$^1/_4$ l Rotwein

R E Z E P T

Zubereitung

Eierlikör-Mousse: Eigelb und Zucker mit dem Eierlikör im Wasserbad zur Rose aufschlagen. Gelatine in Eiswasser einweichen und in der warmen Eimasse auflösen. Die Eimasse nun mit kaltem Wasser herunterkühlen. Die geschlagene Sahne zu dieser Masse dazugeben und in eine Schüssel füllen. Anschließend 3–4 Stunden in den Kühlschrank stellen.

Rotweinpflaumen-Ragout: Die Pflaumen entsteinen und in Würfel schneiden. Den Zucker in einem Topf karamellisieren lassen, mit Rotwein ablöschen und um die Hälfte einreduzieren. Die Pflaumenwürfel in dem Rotwein gar ziehen lassen und nach dem Abkühlen auf dem Teller anrichten.

Anrichten: Das Eierlikör-Mousse mit einem warmen Löffel zu Nocken ausstechen und neben dem Rotweinpflaumen-Ragout anrichten.

Rezept von Jürgen Bender, Schlosskeller Engers

Gedeckter Apfelkuchen

Zutaten

Grundrezept Mürbeteig für 2 Kuchen à 24 cm:
500 g Mehl
250 g Zucker
250 g Butter
2 Eier
1 Prise Salz
1 Päckchen Backpulver

Apfelmasse für 2 Kuchen à 24 cm:
2,5 kg Backäpfel
1 Prise Zucker
etwas Weißwein
Zucker, Vanillezucker, Zimt
Rosinen, Mandelstifte
geriebene Zitronenschale
Sahne
Eigelb

Zubereitung

Mürbeteig: In die Mulde aus Mehl den Zucker, die kalte Butter in Scheiben, dann Eier, Salz und Backpulver einfüllen. Die Zutaten in einem kühlen Raum schnell zu einem Teig kneten und kalt stellen.

Apfelmasse: Die Äpfel entkernen, schälen und in Spalten schneiden. In einem Topf mit gezuckertem Wasser und etwas Weißwein ca. 15 Minuten abgedeckt dämpfen und kalt stellen.
Anschließend die Äpfel in ein Küchensieb füllen, abtropfen lassen und in eine Schüssel füllen. Zucker, Vanillezucker, Zimt, Rosinen, Mandelstifte und geriebene Zitrone unterheben und abschmecken.

Backvorgang: Den Mürbeteig ausrollen und mit der Backform je einen Boden und je einen Deckel ausstechen. Den Boden in die Backform auslegen und 8 Minuten im Backofen bei 200 Grad vorbacken.
Anschließend aus dem restlichen Teig dünne Streifen für den Rand ausrollen und den Rand in der Backform auslegen. Die Apfelmasse einfüllen und den Deckel aus Mürbeteig auflegen. Der Deckel wird dann mit Sahne und Eigelb bestrichen.
Den Kuchen in den vorgeheizten Ofen schieben und 20 Minuten bei 200 Grad fertig backen.

Rezept von Frank Böhm, Restaurant Rolandsbogen, Remagen-Rolandswerth

REZEPT

Adressen

Tourist-Information Rhein-Nahe
Touristik Bacharach
Oberstraße 45
55422 Bacharach
Tel.: 06743-919303

„Wein-Event":
Weingut Friedrich Bastian
Zum grünen Baum
Oberstraße 63
55422 Bacharach
Tel.: 06743-1208

Rheinhotel Bacharach
Familie Andreas Stüber
Auf der Stadtmauer
55422 Bacharach
Tel.: 06743-1243
Fax: 06743-1413

„Tal der Loreley":
Rhein-Touristik „Im Tal der Loreley" e. V.
Heerstraße 86
56329 St. Goar
Tel.: 06741-1300
Fax: 06741-93193
info@tal-der-loreley.de
www.talderloreley.de

„Loreleyenzauber":
Ute Graßmann
Oberstraße 1a
56348 Dörscheid
Tel.: 06774-745
Fax: 06774-8174
info@spielleut-ranunculus.de
www.spielleut-ranunculus.de

„Gauklerfest Koblenz":
Koblenz-Touristik
Bahnhofplatz 7
56068 Koblenz
Tel.: 0261-30388-12
Fax: 0261-30388-11
info@gauklerfest-koblenz.de
www.touristik-koblenz.de

Kurfürstliches Schloss Engers
Alte Schlossstraße 2
56566 Neuwied-Engers
Schlossführungen über:
Tel.: 02622-92640
Fax: 02622-9264264

Schlosskeller Engers
Alte Schlossstraße 2
56566 Neuwied-Engers
Tel.: 02622-903560
Fax: 02622-903562

„Jakobsmarkt Remagen":
Tourist-Information der Stadt Remagen
Kirchstraße 6
53424 Remagen
Tel.: 02642-20187
Fax: 02642-20127
touristinfo@remagen.de
www.remagen.de

Restaurant Rolandsbogen
Frank L. Böhm
53424 Remagen-Rolandswerth
Tel.: 02228-372
Fax: 02228-8423
info@rolandsbogen.de

Von Bonn nach Duisburg

Mit einer Fahrt über den Rhein in die Ehe starten? Wir dürfen dabei sein, als ein frisch vermähltes Paar auf einer Fähre bei Bonn eine erste kleine Hochzeitsreise unternimmt. Zuvor haben sich die beiden im Alten Rathaus der Stadt das Jawort gegeben. Unterdessen herrscht in der Konditorei Kleimann höchste Konzentration. Die Hochzeitstorte steht kurz vor der Vollendung. Konditormeisterin Sabine Jachmich braucht zwei Tage, um eines ihrer berühmten, aufwändigen „Kunstwerke" herzustellen. Zuletzt modelliert die Meisterin kitschig-schöne Verzierungen aus Marzipan und Zuckerguss. Klar, dass wir nach dem symbolischen Akt des Torten-Anschneidens durch das Brautpaar auch ein kleines Stückchen versuchen.

Anschließend durchstreifen wir das Zentrum der ehemaligen Bundeshauptstadt, in der jetzt wieder der Charme einer rheinischen Kleinstadt dominiert. Zentrum des städtischen Lebens ist das Gebiet rund um das Bonner Münster. Wir setzen uns heute auf die Spur eines großen Bürgers der Stadt, denn nur einen Steinwurf entfernt steht das Beethovendenkmal. Das Elternhaus des Komponisten liegt in der Altstadt. Hier wurde Ludwig van Beethoven – das genaue Datum weiß man nicht – am 16. oder 17. Dezember 1770 im Hinterhaus geboren. Das Geburtshaus beherbergt heute Museum und Begegnungsstätte. Wer eine andere „Begegnung" mit Beethoven sucht, dem sei die Konditorei Fassbender empfohlen. „Götterfunken" heißen die Pralinen, die hier hergestellt werden: edles Pistazienmarzipan, Haselnussnougat und Trüffelschokolade mit echtem Blattgold verziert.

Hinein ins Getümmel: der Kölner Karneval

Vom „Götterfunken" zu den „Funkenmariechen": Ein Stück flussabwärts taucht der Kölner Dom auf. Rund um den mächtigen Bau gruppieren sich die Häuser der Altstadt. Hier trifft man nicht nur Touristen, auch die Kölner selbst vergnügen sich gerne in den urigen Kneipen. Und dann geht es hinein ins Getümmel, denn zur Karnevalszeit herrscht in den Gassen der Ausnahmezustand. Hier befindet sich die Hochburg des „kölschen Fastelovend". Hierhin zieht es die Jecken der Stadt, wenn sie das Narrenzepter schwingen.

Die Narren brauchen besondere Nahrung: eine gute, sprich fettige Grundlage zum Singen, Schunkeln und Trinken. Bäcker Klaus Minten aus dem benachbarten Erftstadt-Lechenich ist dafür berühmt. Bei ihm gibt es die leckersten Mutzen. Mit Hingabe backt der passionierte Karnevalist das Mandelgebäck, das im Volksmund „Nonnenfürzchen" heißt.

In Köln streifen derweil am Karnevalssamstag Geister und dunkle Gestalten durch die nächtliche Stadt und treiben ihr Unwesen. Rhythmische Trommelklänge zahlreicher Sambatruppen bringen Tausende gruseliger Narren in Schwung. Der „Geisterzoch" geht um. Anfang der 90er Jahre ließen alternative Jecken die alte Tradition wieder aufleben. Damals wurde der Zug auch als Karnevalsprotestzug gegen den ersten Golfkrieg verstanden. Mittlerweile ist er ein Muss vor allem für die jungen Närrinnen und Narren.

Rosenmontag in Köln

Nach Rosenmontag und dem großen Umzug folgt am Abend des Veilchendienstags der letzte Höhepunkt in der Session: Die Narren schreiten zur Nubbel-Verbrennung. Dabei geht eine lebensgroße Strohpuppe, die während der Karnevalstage über vielen Kneipen hängt, in Flammen auf. Einer religiösen Zeremonie nachempfunden, wird dieses Sinnbild des Karnevals verbrannt und mit salbungsvollen Reden und Gesten beigesetzt. Es heißt, dass man damit alle seine Sünden tilge, die man in den närrischen Tagen angesammelt hat.

Farbenprächtig: Hokkaido-Kürbisse

Köln ist eine multikulturelle Stadt, entsprechend groß die Vielfalt der Feste. Wir sind zu Besuch bei Ruthi Ahronoff-Günther, die mitten in den Vorbereitungen für den Sabbat, den wichtigsten Feiertag der Juden, steckt. Freitags nach Sonnenuntergang trifft sich dazu die ganze Familie. Unsere Gastgeberin formt das Brot, die Challá. Während die Hefezöpfe im Ofen backen, bereiten die Schwestern Ruthi und Débora weitere typische Speisen für den Abend zu. Ihren Mittelpunkt hat die jüdische Gemeinde in der Synagoge an der Roonstraße gefunden. Konrad Adenauer gab dem Architekten Helmut Goldschmidt den Auftrag, das jüdische Gotteshaus an alter Stelle wiederaufzubauen. 1959 wurde die Synagoge eröffnet. Heute umfasst die älteste jüdische Gemeinde nördlich der Alpen wieder mehr als 4000 Mitglieder.

Die Farbenpracht der Kürbisse

Wir verlassen Köln in Richtung Nievenheim bei Dormagen. In diesem kleinen Bauerndorf finden wir die größte Kürbisplantage am Rhein. Bauer Theo Spix hat sich auf die Beerenfrüchte spezialisiert. Mehr als 300 verschiedene Kürbissorten werden angebaut. Der „gelbe Zentner“ und der „Hokkaido“-Kürbis sind gerade erntereif. Rund eine Million Kürbisse wird Theo Spix bis zum Ende der Saison geerntet haben. Die schönsten Exemplare stellt er dann in einer großen Kürbisausstellung vor. Von nah und fern reisen ganze Familien an, um die leuchtend bunten Früchte zu bewundern. Der Bauernhof ähnelt daher in diesen Tagen eher einem kleinen Freizeit-Park.

Bei Mehls, der Nievenheimer Traditionsgaststätte, lässt man sich zur Erntedankzeit den Kürbis schmecken – nicht nur die altbekannte Kürbissuppe steht hier auf der Speisekarte. Der Hokkaido-Kürbis eignet sich besonders gut zu Kürbislasagne. Eine Spezialität von Köchin Fiona Kriegeris, die uns vorzüglich schmeckt und nicht nur für Vegetarier ein

Festschmaus ist. Nach dem Essen bummeln wir noch durch das nahe gelegene Zons, die alte Zollfeste am Rhein. Dann geht es auf der rechten Rheinseite auf einem schönen Uferweg bis nach Benrath weiter. Das Rokokoschloss mit seinem herrlichen Park nach englischem Vorbild ist diesen Ausflug unbedingt wert.

Düsseldorf: Mode, Kunst und Radschläger

Wenige Kilometer stromabwärts erreichen wir bereits die nordrhein-westfälische Landeshauptstadt Düsseldorf. Wir gehen im Medienhafen an Land. In dem ehemaligen Handelshafen stehen heute futuristische Speicherhäuser, Wahrzeichen eines neuen „In-Viertels". Aus Alt mach' Neu haben sich die Düsseldorfer auch an anderen Stellen gedacht, so beispielsweise beim Umbau des Ständehauses. Hinter der historischen Fassade verbergen sich die modern gestalteten Räume der Kunstsammlung Nordrhein-Westfalens mit den Werken des 21. Jahrhunderts. Die Werke des 20. Jahrhunderts – darunter Klee, Miro, Matisse, Braque, Picasso – findet man im Museum am Grabbeplatz.

Sehenswert: Schloss Benrath

Wir flanieren auf der Rheinpromenade an pittoresken Fassaden der alten Stadthäuser vorbei. Durch die angrenzende Altstadt mit ihren unzähligen Einkehrmöglichkeiten erreichen wir die „Kö" genannte Einkaufsmeile. Heute haben wir kein Auge für das edle Warenangebot, sondern schauen beim Radschlägerfest der Schülerinnen und Schüler vorbei. Auf der Königsallee zeigen jugendliche Radschläger ihr Können. Natürlich geht es beim Wettkampf, den die „Alde Düsseldorfer-Bürgergesellschaft" im Juni organisiert, vor allem um Schnelligkeit. Aber auch für besonders schöne Radschlagkünste gibt es einen Sonderpreis. Das 1950 wiederbelebte Fest geht auf eine Sage zurück. Beim Hochzeitszug des Kurfürsten Jan Wellem brach ein Reifen seines Wagens. Ein Düsseldorfer Junge sprang ein und stellte sich als menschliches Rad zur Verfügung, so dass der Zug seinen Weg fortsetzen konnte.

Obwohl man auf der „Kö“ die neuesten Kreationen aus Mailand, London und Paris kaufen kann, der aktuellen Mode immer einen Schritt voraus sind die Kreativen der „Akademie Mode und Design“ (AMD). In ihr studieren künftige Modejournalisten, Textilmanager und Modedesigner. Einmal im Jahr haben die jungen Modeschöpfer ihren großen Abend. Im Rahmen der Düsseldorfer Modewoche präsentieren die Studierenden im Frühjahr ihre Kollektionen auf der „Exit“. Auf diesem Fest der jungen Modeszene gibt sich die Fachwelt ein Stelldichein – die Chance für eine Karriere im Business.

Der Flachsmarkt in Krefeld-Linn

Wir kehren Glanz und Glamour den Rücken und bummeln durch Kaiserswerth. Das Dörfchen auf dem Stadtgebiet der Landeshauptstadt ist ein wahres Schmuckstück. Hier suchten schon die Maler der Düsseldorfer Schule vor Jahrzehnten Erholung. Wir besichtigen die Ruinen der alten Barbarossapfalz, eines Baus vom Ende des 12. Jahrhunderts, und kehren anschließend „Im Schiffchen“ ein. Das Restaurant hat der französische Meisterkoch Jean Claude Bourgueil in einem schönen Stadthaus eingerichtet. Er ist ein Kenner alter Kochtraditionen und bringt diese in frischem Gewand auf den Teller. Bei ihm wird „Armer Ritter“ in einer französisch „angehauchten“ Variante zum festlichen Dessert.

Zu Füßen mächtiger Mauern

Die alte Textilmetropole Krefeld hat sich von der Samt- und Seidenstadt zu einem Zentrum der Chemieindustrie entwickelt. Die Architektur der Stadt ist noch geprägt von den prächtigen Stadtvillen der alten Seidenweberdynastien. Doch auch hier versteht man zu feiern. Der reizende Marktflecken Krefeld-Linn ist alljährlich Kulisse für den größten und schönsten historischen Markt am Niederrhein, den Flachsmarkt. Früher fand er am Namenstag des heiligen Andreas statt, dem 30. November. Jetzt wird er an Pfingsten drei Tage lang zu Füßen der mächtigen Burg Linn abgehalten.

Schon zu seinen Gründerzeiten wurde nicht nur Flachs angeboten. Damals trafen sich Bauern, Handwerker, Musiker und Gaukler, um ihre

Waren und Künste feilzubieten. Heute zieht das mittelalterliche Treiben wieder viele Besucher in seinen Bann. Vor uns reiht sich Zelt an Zelt. Alte Handwerkskünste wie Eisenschmieden, Lehmbau, Scherenschleifen oder das Flachsspinnen lassen sich bestaunen. Eine Falknerin in historischem Kostüm zeigt, wie gut ihre Tiere abgerichtet sind. Bei Ritterspielen werden historische Kämpfe nachgestellt. Selbst der leibliche Genuss ist von gestern. Es gibt Flammbrote nach altem Rezept.

Unsere letzte Station dieses Rheinabschnittes ist Duisburg mit dem größten Binnenhafen der Welt. Das Hafenviertel zeigt sich Ende Mai von seiner fröhlichsten Seite. Seit zehn Jahren findet das Hafenfest mit traditionellem Rummel und Bühnenprogramm statt. In einer Atmosphäre von Schifferromantik feiern die Duisburger vor einer mächtigen Industriekulisse mit ihren Gästen aus aller Welt. Ein Höhepunkt des Festes ist der Schiffskorso mit historischen Schiffen, die fein aufgetakelt ihre Aufwartung machen. Wir verabschieden uns mit Bildern eines gigantischen Feuerwerks, das den Hafen in festlichem Lichterglanz erstrahlen lässt.

... und so feiern die Duisburger

Dieser Beitrag beruht auf der Grundlage des Films von Ulrike Bartels und Dieter Zeppenfeld.

Nonnefützje

Zutaten

70 g Mandeln, gehackt
60 g Margarine
70 g Marzipan
40 ml Rum
40 ml Sahne
10 g Natron
1 Prise Vanillezucker
1 Prise Jodsalz
4 Eier
4 EL Zucker
500 g Mehl (Type 550/405)
Puderzucker zum Bestäuben

Zubereitung

Mandeln, Margarine, Marzipan, Rum, Sahne, Natron, Vanillezucker und Salz zu einem Brei mischen. Eier und Zucker auf Körpertemperatur erwärmen und aufschlagen. Danach das Mehl unterkneten. In einem Topf mit Öl bei 170–180 Grad schwimmend goldbraun backen, dabei mit einem Schaumlöffel ständig wenden. Mit Puderzucker bestäubt servieren.

Rezept vom Schlosscafé Minten, Erftstadt-Lechenich

REZEPT

Kürbislasagne

REZEPT

Zutaten

1 Zwiebel
1 Knoblauchzehe
1 kg Hokkaido-Kürbis
etwas Salbei
Salz, schwarzer Pfeffer
30 g Butter
1 Packung Lasagneblätter ohne Vorkochen
300 g gewürfelter Mozzarella
40 g Parmesan
300 ml saure Sahne
2 EL frisch gehackter Schnittlauch
2 EL geröstete Mandelblättchen

Zubereitung

Die Zwiebel in dünne Scheiben schneiden und zusammen mit dem Knoblauch anbraten. Den Kürbis schälen und weich kochen, abtropfen lassen und stampfen. Das Kürbismus mit Zwiebeln und Salbei vermengen, salzen und pfeffern.

Eine Lasagneform fetten und mit einer Lage Lasagneblätter auslegen. Ein Drittel vom Kürbismus daraufgeben und als nächste Schicht ein Drittel der Mischung aus Mozzarella und Parmesan darüberstreuen. So lange wiederholen, bis alles verbraucht ist.

Nun die saure Sahne mit Schnittlauch vermengen und auf das Gericht geben. Im vorgeheizten Ofen bei 200 Grad ca. 35–40 Minuten backen. Aus dem Ofen nehmen und mit gerösteten Mandelblättchen garnieren.

Rezept aus der Gaststätte Mehl-Heinrichs, Dormagen-Nievenheim

Armer Ritter

Zutaten

Brioche-Toast:*
500 g Mehl
50 g Zucker
6 Eier
250 g Butterwürfel
3/4 l lauwarme Milch
1 Päckchen Hefe (42 g)
10 g Salz
2 Eigelb

Armer Ritter:
1 l Milch
1 Schuss Brauner Rum
Ei
Butter
Zucker
Vanilleeis
Vanillesauce
Schlagsahne
Minzblatt

**(Für diese Süßspeise verwendete man ursprünglich altbackenes Brot, wir benutzen einen Brioche-Toast, mindestens 1 Tag alt.)*

Zubereitung

Brioche-Toast: Mehl, Zucker, Eier, Butterwürfel (dürfen nicht zu kalt sein!) und die in der lauwarmen Milch aufgelöste Hefe zu einem glatten Teig rühren. Sobald dieser glänzt, nochmals verrühren, bis der Teig glatt ist. Das Salz dazugeben und das Ganze zwei Minuten gut durchmischen. Den Teig bei Zimmertemperatur 20 Minuten gehen lassen.
Anschließend den Teig in eine Toastform (Kastenform) geben und nochmals gehen lassen, bis das doppelte Volumen erreicht ist. Zum Schluss die Oberfläche mit Eigelb bepinseln und bei 150 Grad im Backofen 45 Minuten backen.

Armer Ritter: 2 bis 3 cm dicke Brioche-Toastscheiben in die Milch tunken, in die man vorher etwas braunen Rum gegeben hat. Sind die Scheiben durchgezogen, wendet man sie in geschlagenem Ei und brät sie von beiden Seiten in schäumender Butter. Anschließend bestreut man die Toastscheiben mit Zucker und schiebt sie bei starker Oberhitze in den Ofen oder unter den Grill, wo sie gebacken werden, bis der Zucker karamellisiert.

Anrichten: Den Armen Ritter mit Vanilleeis auf Vanillesauce anrichten und mit einer Rosette aus Schlagsahne und Minzblatt dekorieren.

Rezept vom Restaurant „Im Schiffchen", Düsseldorf-Kaiserswerth

REZEPT

Adressen

Konditorei Kleimann
Inhaber: Sabine und Rolf Jachmich
Rheingasse 16–18
53113 Bonn
Tel.: 0228-633460
Fax: 0228-690705

Beethovenhaus
Bonngasse 18–26
53111 Bonn
Tel.: 0228-98175-0
www.beethoven-haus-bonn.de

Konditorei Faßbender
Sternstraße 55
53111 Bonn
Tel.: 0228-726111
www.fassbender.de

Schlosscafé Minten
Inhaber: Klaus Minten
Schlossstraße 8
50374 Erftstadt-Lechenich
Tel.: 02235-5557

„Kürbisausstellung": Bei Bauer
Theo Spix
Kohnacker 200
41542 Nievenheim
Jeden Herbst, Termin unter:
www.kuerbisausstellung.com

Gaststätte Mehl-Heinrichs
Conrad-Schlaun-Straße 12
41542 Dormagen-Nievenheim
Tel.: 02133-90191

AMD
Akademie Mode und Design
Gustav-Poensgen-Straße 29
40215 Düsseldorf
Tel.: 0211-38626-0
Fax: 0211-38626 26
www.amdnet.de
(Exit-Modenshow immer im Frühjahr
anlässlich der Modewoche CPD in
Düsseldorf)

Restaurant „Im Schiffchen"
Jean Claude Bourgueil
Kaiserswerther Markt 9
40489 Düsseldorf-Kaiserswerth
Tel.: 0211-401050
Fax: 0211-403667
www.im-schiffchen.com

„Flachsmarkt": Krefeld-Linn, Burg Linn
Jedes Pfingsten, Samstag, Sonntag und
Montag 9.00–18.00 Uhr
www.flachsmarkt.de

„Duisburger Hafenfest":
www.hafenfest-ruhrort.de

Brauhaus Schaft 4/8
Düsseldorfer Straße 21
47051 Duisburg
Tel.: 0203-2810 00
Fax: 0203-21010
www.brauhaus-schacht-4-8.de
reservierung@brauhaus-schacht-4-8.de

Vom Niederrhein zur Nordsee

Auch unsere letzte Etappe zu den Festen am Rhein beginnen wir am Anlegepunkt einer Fähre. Wir warten auf eine Gruppe von Motorradfreunden aus Düren. Jeden Sommer zieht es sie auf die Motorradwallfahrt nach Kevelaer. Es sind moderne Pilger, die Schutz und Segen der Muttergottes für ihr nicht ungefährliches Hobby erbitten wollen. Und da rollen schon die schweren Maschinen vom Schiff. In ihrem „Schlepptau" kommen wir in die kleine Stadt am Niederrhein. Hier verwandeln Tausende von Motorradfahrern den beschaulichen Flecken in ein lärmendes Pflaster.

Die Wallfahrt der Biker dauert zwei Tage. Ihr Höhepunkt ist eine Motorradprozession. Mit rund 5000 Maschinen geht es durch die Dörfer rund um Kevelaer. Es ist ein Gemisch aus ein bisschen Volksfest, ein bisschen Happening, ein bisschen Glaube und viel Gemeinschaft. Bevor wir den Korso begleiten, kehren wir allerdings mit unserer Motorradgruppe aus Düren im „Goldenen Schwan" ein. Hier bereitet Küchenchef Klemens Dicks ein typisches rheinisches Pilgeressen zu: Rinderkraftbrühe mit Markklößchen, Schweinebraten mit frischen Salaten, Salzkartoffeln und hinterher eine Herrencrème mit frischen Früchten.

Die Wallfahrt in Kevelaer geht auf eine Begebenheit zurück, die sich 1641 zugetragen haben soll. Hendrik Busman, ein Handelsreisender vom Niederrhein, vernahm in der Kevelaerer Heide eine Stimme, die ihn zur Errichtung einer Kapelle aufforderte. Und auch seine Frau Mechel hatte später eine Erscheinung, die ein „Heiligenhäuschen" einforderte. Busman löste den Auftrag ein und baute einen Bildstock. Wenige Jahre später stand dann die erste Wallfahrtskirche, die heutige Kerzenkapelle.

Heute strömen tausende Wallfahrer nach Kevelaer, die Motorradfahrer kommen seit 1985. Und so ist die Stadt natürlich auch eine Hochburg für Devotionalien. Hier gibt es alles für den Hausaltar. Bei Mareile Baumgärtner erhält man sogar eine eigens zur Motorradwallfahrt entworfene Bikerkerze.

„Stringtime" in Goch

Unser nächstes Ziel ist die alte Römerstadt Xanten, deren Dom das Stadtbild beherrscht. St. Viktor wurde im 2. Weltkrieg schwer beschädigt, mittlerweile ist die gotisch-romanische Kirche aber wieder Anziehungspunkt für Touristen. Die Häuser rund um den Dom galten schon im Mittelalter als bevorzugte Wohnlage. Heute fühlt man sich dort fast wie im Freilichtmuseum, so romantisch ist die Atmosphäre. Wer mehr „Action" will, kann sich zur nahe gelegenen „Nordsee" oder „Südsee" aufmachen. So werden die künstlichen Seen des Xantener Freizeitparks mit ihren Möglichkeiten für Erholung und Wassersport genannt.

Motorrad-„Pilger"

Ein paar Kilometer weiter westlich kommen wir nach Goch. „Stringtime" nennt sich die hier ansässige „Streicher-Akademie". Junge Virtuosen aus Deutschland, den Niederlanden und Polen werden während der Osterferien von internationalen Koryphäen unterrichtet. Viele der Mädchen und Jungen sind bereits nahezu perfekte Solisten. In der Akademie lernen sie, zusammen in einem Orchester zu spielen und gemeinsam Werke aufzuführen. Aber auch die Begegnung der jungen Europäer wird groß geschrieben. Beim Abschlusskonzert am Ostermontag zeigen die Kids dann, was sie gelernt haben.

Radfahren an der Waal

Direkt hinter der Grenze zu den Niederlanden beginnt das Rhein-Delta. Der Fluss teilt sich in Waal und Lek. Wir folgen dem Lauf der Waal bis Nijmegen. Diese Universitätsstadt ist eine der ältesten Städte der Nieder-

Das „Velorama"

lande. Einmal im Jahr feiert man eine Woche lang eine der holländischen Leidenschaften: das Fahrradfahren. Täglich gibt die Stadt eine andere Route heraus und Hunderte Radler machen sich auf den Weg. Heute geht es in Richtung Deutschland nach Kleve.

Wir bleiben lieber in der Stadt, denn die hat zum Thema Radfahren das passende Museum, das Velorama. Es bietet auf drei Etagen einen Überblick über Fahrradmodelle aus 200 Jahren. Neben dem ältesten Rad von 1814 gibt es über 200 Original-Räder aus verschiedenen Epochen zu besichtigen. Uns zieht es anschließend Richtung Marktplatz, denn der Stadtkern mit seinen mittelalterlichen Häusern ist voller Leben. Rund um Stadthaus und St. Stevenskerk finden wir enge Gassen und urgemütliche Cafés. Doch zu einer Mahlzeit besteigen wir das Pannekoekenboot, das uns von der Rheinpromenade Nijmegens zu einer Rundfahrt mitnimmt. Der Name des Schiffs ist Programm, denn während der Fahrt kann man jede Art von Pfannkuchen essen.

Flussabwärts liegt Tiel, wo alljährlich am zweiten Wochenende im September ein prächtiger Obstkorso stattfindet. Kein Wunder, ist Tiel doch das Zentrum der „Betuwe". Diese fruchtbare niederländische Flussmarsch zwischen Lek und Waal ist das Hauptgebiet des Obst- und Gemüseanbaus in den Niederlanden. Doch bevor wir uns das Volksfest ansehen, machen wir einen kleinen Abstecher nach Buren – ein reizvoller Ort, der komplett unter Denkmalschutz steht. Die Umgebung bietet mit ihrem Sandboden die Grundlage für Obstwiesen und -plantagen in Hülle und Fülle. In einem Waldstück liegt Schloss Soelen, auf dessen Ländereien Obstwiesen nach ökologischen Grundsätzen entstanden sind. Begleitet wird die Aufzucht von Joke van den Ban, Lehrerin für ökologischen Obstanbau. Nach einem kleinen Fachvortrag über Hochstammapfelsorten, kocht sie mit ihrer Freundin und Nachbarin Ike Holtland ein herzhaftes Gericht mit Äpfeln und Lachs – ein wahres Festmahl zum Erntedank.

Pas de deux beim Obstkorso

Wie man Obst und Gemüse anders verarbeiten kann, können wir in einer Industriehalle in Buren beobachten. Über 50 Leute gestalten einen Wagen für den Tieler Obstkorso am nächsten Tag. Entworfen hat ihn Dennis Voorendt und im Frühjahr hat er nach seinen Skizzen die ersten Stahlgerüste geschweißt. Dennis gestaltet schon seit 1992 den Burener Wagen, dreimal gewann er schon den ersten Preis. „Pas de deux" heißt seine diesjährige Kreation zweier tanzender Frauen. 10 000 Euro kostet der Spaß, Sponsoren sind gefragt. Doch in diesem Jahr wird es wohl nichts mit einem Preis. Mit ihren sechs Metern überschreiten die Figuren die vorgeschriebene Höhe.

Am nächsten Tag mischen wir uns unter die Zuschauer. Dicht gedrängt verfolgt man das bunte Spektakel auf der Straße. Aus den Früchten der Natur gestaltete Riesenfiguren ziehen an uns vorbei. Wer wird dieses Mal den Preis für den schönsten Wagen bekommen? Favorit der Zuschauer ist der Aquariumswagen, der später von den Juroren tatsächlich zum Sieger gekürt wird.

Buntes Spektakel: der Tieler Obstkorso

Über Zaltbommel und Gorinchem mit den im 16. Jahrhundert angelegten und noch fast vollständig erhaltenen Befestigungsanlagen erreichen wir schließlich Dordrecht am Zusammenfluss von Waal und Maas. Diese alte Handelsstadt blickt auf eine bewegte Geschichte. Von hier ging im 16. Jahrhundert der Widerstand gegen die spanischen Besatzer aus. Hier wurde die Übersetzung der Bibel ins Niederländische beschlossen und damit die Grundlage zu der Sprache gelegt, die auch heute noch Landessprache ist. Wir kehren im Café Crimpert Salm ein, das Grand Café der Stadt. Bei einer holländischen Kaffeetafel warten zahlreiche Süßigkeiten auf uns, darunter die für Holland typischen Haselnusstörtchen. Sie werden in der Bäckerei der Brüder Wim und Jack Brokking hergestellt. Zutaten sind lediglich Zucker und Eiweiß und natürlich Haselnüsse. 5000 Stück pro Tag verlassen den Ofen der Bäckerei und werden anschließend, wie es sich in Holland gehört, innen und außen mit Sahne gefüllt und verziert.

Windmühlen – so weit das Auge reicht

Bei Kinderdijk, wo sich Waal und Lek wiederfinden, stoßen wir auf Windmühlen so weit das Auge reicht. Früher pumpten sie das Wasser aus den tiefen Poldern, um das Land trocken zu halten. 19 Stück drehen jeden Samstag und am nationalen Mühlentag, dem zweiten Samstag im Mai, ihre Flügel. Dann wird das Unesco-Kulturerbe zum Ausflugsziel für Besucherscharen. Viele der Mühlen sind noch bewohnt, eine ist im Originalzustand erhalten und am Festtag zu besichtigen. Wir nutzen ebenfalls diese Gelegenheit für interessante Ein- und Ausblicke. Wer im September hierher kommt, kann zu späterer Stunde noch romantische Bilder genießen, wenn die Mühlen eine Woche lang Nacht für Nacht angestrahlt werden.

Holländische Leckerei: Haselnusstörtchen

Von Kinderdijk gelangen wir mit der „Fast Ferry“ nach Rotterdam. Hier empfängt uns eine ganz andere Atmosphäre. Die Hafenmetropole wurde während des 2. Weltkrieges durch deutsche Bombardements fast völlig zerstört. Über 50 Jahre später ist eine futuristische Skyline aus den Trümmern gewachsen. Während der Welthafentage versammeln sich alle am Wasser. An beiden Ufern der Nieuwe Maas, wie die Rheinarme nach ihrem Zusammenfluss mit der Maas hier heißen, herrscht Volksfest-

Das Windmühlengebiet Kinderdijk

stimmung. Das eigentliche Spektakel spielt sich auf dem Wasser ab: Boote aus der ganzen Welt und aus allen Jahrhunderten präsentieren sich.

„Rendang Padang"

Sommerkarneval in Rotterdam

Wir gönnen uns eine kulinarische Pause im direkt am Wasser gelegenen „Dewri Sri". Eine indonesische Reistafel höchster Qualität wartet auf uns. Doch bevor wir den ersten Bissen bekommen, heißt es nochmals die Fernsehkamera in Position zu bringen. Tara Tarinih, die junge indonesische Köchin, bereitet für unseren Film Rendang Padang, ein Rindfleischgericht aus Sumatra, zu. Noch ein Tipp: Traditionell ist die indonesische Küche scharf, aber wer rechtzeitig Bescheid sagt, erhält eine weniger feurige Variante der Speisen. Anschließend kommen bis zu 25 Schälchen mit verschiedenen Gerichten auf den Tisch: diverse Fleischsorten, Fisch, gebratenes Gemüse und Salate. Beinahe verlieren wir den Überblick. Doch der erfahrene Oberkellner Hong Jue Loe erklärt uns bereitwillig die richtige Zusammenstellung.

Zum Abschluss tauchen wir schließlich noch einmal in ein großes Fest ein. Die Multikulti-Stadt Rotterdam feiert im Juli ihren Sommerkarneval. Er wird traditionell von der Sommerkönigin angeführt. Ihrer Majestät folgt ein rund 2,5 km langer Zug von Prunkwagen, Musik- und Tanzgruppen. Diese versetzen uns mit ihrer Farbenpracht, ihren Klängen und exotischen Rhythmen in die Karibik. Und ein bisschen Rio ist natürlich auch dabei, wenn als Hommage eine Miniaturausgabe der Christusfigur vom berühmten Zuckerberg mitgeführt wird. Ob das Schiff wohl in seiner Sichtweite anlegt, das wir in der nahe gelegenen Rheinmündung für unser Schlussbild festhalten? Aber das wäre eine ganz andere Reise …

Dieser Beitrag beruht auf der Grundlage des Films von Ulrike Bartels und Dieter Zeppenfeld.

Herrencrème

Zutaten

1 l Milch
80 g Zucker
75 g Vanille-Puddingpulver
1 Schuss Rum
100 g Kuvertüre (Zartbitter)
400 g geschlagene Sahne

Zubereitung

Die Milch mit dem Zucker zum Kochen bringen und mit dem Puddingpulver binden. In eine Schüssel füllen und sofort mit Klarsichtfolie abdecken (dann bildet sich keine Haut). Den Pudding erkalten lassen.

Nun den Pudding mit einem Handrührgerät glatt rühren und etwas Rum hinzufügen. Die grob gehackte Kuvertüre unterheben. Danach die geschlagene Sahne unterziehen.

Rezept von Klemens Dicks, Goldener Schwan, Kevelaer

REZEPT

Apfel-Lachs-Ragout

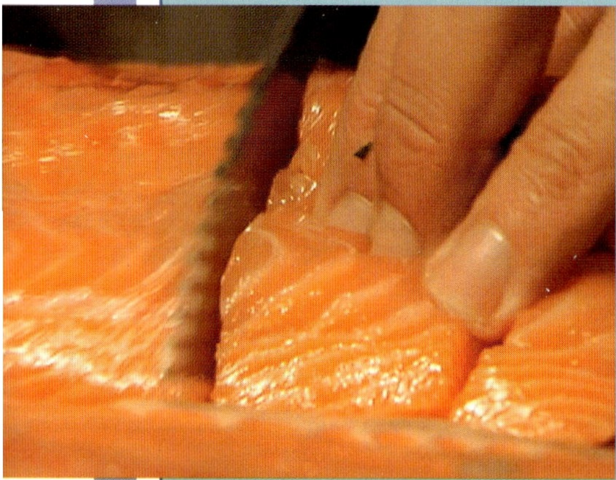

Zutaten (4 Personen)

800 g Lachsfilet
Saft von 1 Zitrone
2 Äpfel
2 EL Schalotten
1 EL Butter
200 ml süße Sahne
1 Bund Schnittlauch
Salz
Pfeffer

Zubereitung

Den Lachs in 2 cm große Würfel schneiden und mit Zitronensaft beträufeln. Die Äpfel schälen, entkernen und hacken. Die Schalotten putzen und hacken. Äpfel und Schalotten in Butter anbraten, mit der Sahne ablöschen. Den Lachs hinzufügen und auf schwacher Hitze mitgaren lassen. Den Schnittlauch in Röllchen schneiden. Das Ragout mit Salz und Pfeffer abschmecken und zum Schluss mit Schnittlauchröllchen bestreuen.

Dazu passen sehr gut Bandnudeln und ein frischer Salat.

Rezept von Joke van den Ban, Buren

REZEPT

Rendang Padang (Rindfleischgericht)

Zutaten (4 Personen)

Gewürzmischung:
(Alle Zutaten in einen flachen Mörser geben und fein mahlen, bis eine feine Gewürzmasse entsteht.)
1 TL frische Ingwerwurzel, 2 frische Knoblauchzehen
4–6 Stück Lombok-Pfefferschoten (Spanische Pfefferschoten. Die Saatkörner sind scharf, evtl. weglassen. Alternativ kann Sambal Oelek, 4 EL, aus dem Asiengeschäft verwendet werden.)
2 TL Koriander, gemahlen
2 TL Laos (frische Galangalwurzel, Siam-Ingwer)
1 TL Kunjit (Kurkuma, Gelbwurz gemahlen)
1 Blatt Daun kunjit (Kurkuma), 1 TL Rosenpaprika
1 Blatt Salam (indonesischer Lorbeer)

Hauptzutaten:
4 EL Speiseöl
3 Tassen Zwiebeln, fein gewürfelt
600 g Rindfleisch, wahlweise Rinderrücken oder
Rindernuss (Würfel von 1,5 cm schneiden)
2 1/2 Tassen Kokosmilch
2 EL Assam Tamarinde (in warmem Wasser etwas aufgerührt)
1 Stange Sereh Zitronengras, frisch, etwas angeklopft
2 TL Salz (nach Geschmack), 1 EL Zucker

Zubereitung

In einen Wok oder schweren Topf das Öl geben. Bei mittlerer Hitze die Gewürzmischung dazugeben und zwei bis drei Minuten anbacken. Die Zwiebelwürfel dazugeben und glasig backen. Die Fleischwürfel dazugeben und anrösten, bis sie leicht gebräunt sind. Kokosmilch und Tamarindewasser langsam einrühren und aufkochen. Zitronengras, Salz und Zucker dazugeben.
Anschließend die Hitze zurückdrehen und mit geschlossenem Deckel eine Stunde lang sanft kochen lassen. Ab und zu etwas umrühren. (Original wird bei diesem Gericht die Sauce eingekocht, sodass die Gewürzmischung etwas krümelig die Fleischstückchen umschließt. Wenn mehr Sauce gewünscht wird, während des Einkochens etwas Wasser dazugeben.) Dazu serviert man weißen Reis und in kleine Stäbchen geschnittene frische Salatgurke.

Rezept von Tara Tarinih, Restaurant „Dewri Sri", Rotterdam

REZEPT

Adressen

Informationen u. a. zu den
Wallfahrtsterminen:
www.kevelaer.de

Goldener Schwan
Sabine und Klemens Dicks
Hauptstraße 13
47623 Kevelaer
Tel.: 02832-78119
Fax: 02832-404617

Mareile Baumgärtner
Devotionalien
Kapellenplatz 23
47623 Kevelaer

„Nordsee", „Südsee":
Freizeit-Zentrum Xanten
Karthaus 2
46509 Xanten
Tel.: 02801-772296
www.xanten.de/freizeitzentrum

Stringtime Niederrhein, Goch
KulTourbühne Goch
Tel.: 02823-320202
Fax: 02823-320251

„Fahrradmuseum":
Velorama Fietsmuseum
Walkade 107
NL-6511 Nijmegen
Tel.: 0031-24-3225851

„Obstkorso Tiel":
Stichtiting Vierstromenland
Postbus 6225
NL-4000 HH Tiel

„Obstfachfrau":
Joke van den Ban
Schoorsteen 23b
NL-4012 EC Kerk-Avezath
Tel.: 0031-344-681407
Fax: 0031-344-693986

„Wagengestalter":
Dennis Voorendt
Het Oievaarsnest 30
NL-4003 ER Tiel
Tel.: 0031-6-29073810

Grand Café Crimpert Salm
Visstraat 5
NL-3311 ES Dordrecht
Tel.: 0031-78-6182175

„Haselnusstörtchen":
Bäckerei Brokking
Krispijnseweg 49
NL-3312 Dordrecht

„Windmühlengebiet Kinderdijk":
Molengebied Kinderdijk
Nederwaard 5
NL-2961- AS Kinderdijk
Tel.: 0031-876915179

Indonesisches Restaurant „Dewri Sri"
Westerkade 20
NL-3016 CM Rotterdam
Tel.: 0031-10-4223625

„Sommerkarneval":
zomerkarneval@lycos.nl

Die Rezepte im Überblick

Desserts

Bildnachweis

Mit freundlicher Genehmigung von:

© Amt für Touristik Bingen: S. 92
© Bregenzer Festspiele GmbH, Bregenz: S. 20
© Caveau d'Eguisheim: S. 52 (o.)
© Heinz Schneider: S. 80
© HR/Lucie Herrmann: S. 99, 103
© HR/Willi Krutzinna: S. 98 (o./u.), 105
© Karl Forster: S. 20
© Manfred Wörner: S. 78
© Napoleonmuseum Arenenberg: S. 29
© NBTC: S. 131 (u.)
(Niederländisches Büro für Tourismus & Convention, Köln
© ORF/Christian Puluj: S. 18, 19 (o./u.), 21
© Peter Herrmannsdörfer: S. 93, 94, 95, 112
© Rheinhotel: S. 113
© Rheinland-Pfalz Tourismus GmbH: S. 88, 90
© Rheintouristik „Im Tal der Loreley": S. 108 (o./u.), 109
© Schaffhausen Tourismus: S. 31 (o.)
© Schlosskeller Engers: S. 111, 114
© Schneider/Will: S. 91 (u.)
© SEPPIA Sarl, Strasbourg: S. 6
© Stadt Bühl: S. 79
© Stadtmarketing Karlsruhe: S. 81
© SWR/Andreas Schäfauer: S. 8, 9, 10, 11, 12, 13, 15
© SWR/Bettina Krczal: S. 58 (o./u.), 59, 64, 65
© SWR/Horst Schäfer: S. 91 (o.)
© SWR/Willy Meyer: S. 30, 31 (u.)
© Tourist-Info Konstanz: S. 28
© Tourist-Information Speyer: S. 89
© Villa Musica/Link: S. 110
© WDR/Herby Sachs: S. 118

Alle übrigen Bilder mit freundlicher Genehmigung von FR 3, HR, ORF, SWR, WDR aus den Fernsehproduktionen.

Schlemmerreisen führen Sie ...

neu!
Schlemmerreise Alpen
160 S., Farbabb., kart.
ISBN 3-8058-3613-9

neu!
Schlemmerreise Spanien
112 S., Farbabb., kart.
ISBN 3-8058-3612-0

neu!
Schlemmerreise Südtirol
96 S., Farbabb., kart.
ISBN 3-8058-3594-9

Schlemmerreise Italien
112 S., Farbabb., kart.
ISBN 3-8058-3436-5

Schlemmerreise Österreich, Ungarn, Schweiz
112 S., Farbabb., kart.
ISBN 3-8058-3496-9

Schlemmerreise Franken
128 S., Farbabb., kart.
ISBN 3-8058-3577-9

Schlemmerreise Frankreich
144 S., Farbabb., kart.
ISBN 3-8058-3525-6

Schlemmerreise Deutschland
148 S., Farbabb., kart.
ISBN 3-8058-3591-4

Schlemmerreise Altbayern und Schwaben
136 S., Farbabb., kart.
ISBN 3-8058-3582-5

... kulinarisch durch Europa!

Lebensfreude und Gastlichkeit, gepaart mit raffinierter und doch bodenständiger Küche, das finden Sie auf den „Schlemmerreisen" durch Europa. Die kulinarischen Touren stellen regionale Spezialitäten, Delikatessen und landestypische Weine vor – auf Weingütern, in einfachen Landgasthöfen oder in edlen Gourmet-Tempeln. Köstliche Rezepte, Einkehr-Tipps und Hinweise auf kulturelle Sehenswürdigkeiten runden die „Schlemmerreisen" ab.

TRV
TR - Verlagsunion GmbH • 80059 München
Tel.: (0 89) 21 21 39 17 • Fax: (0 89) 29 63 57
E-Mail: vertrieb@tr-verlag.de • www.tr-verlag.de